W0311040

Encyclopédie Passion
du Poney et du Cheval

Pour l'édition originale
Éditeur Victoria Wiggins
Responsable artistique Sheila Collins
Maquettistes Jim Green, Katie Knutton, Hoa Luc, Jeongeun Park, Mary Sandberg
Managing Editor Linda Esposito
Managing Art Editor Diane Peyton Jones
Responsable éditorial Laura Buller
Directeur éditorial Jonathan Metcalf
Directrice éditoriale associée Liz Wheeler
Directeur artistique Phil Ormerod
Fabrication Adam Stoneham
Suivi de Fabrication Sophie Argyris
Iconographe Myriam Megharbi
Illustrateur Dianne Breeze

Édition originale parue sous le titre : *Treasury of horses*

Copyright © 2012 Dorling Kindersley Limited, Londres

Pour l'édition française
Responsable éditorial Thomas Dartige
Édition Éric Pierrat
Édition et PAO Bruno Porlier
Traduction Bruno Porlier
Conseil à l'adaptation et relecture spécialisée Claire Lefebvre
Correction Dominique Maurel-Mojal et Nathalie Porlier
Couverture Pierre Budestschu
Photogravure de couverture Scanplus

ISBN : 978-2-07-065181-8
Copyright © 2013 Gallimard Jeunesse, Paris
Dépôt légal : octobre 2013
N° d'édition : 249162
Loi n° 49-956 du 16 juillet 1949 sur les publications destinées à la jeunesse.

La présente édition ne peut pas être vendue au Canada.

Phtogravure Altaimage, UK
Imprimé et relié par Hung Hing, Chine

Encyclopédie Passion du Poney et du Cheval

Écrit par
John Woodward

Conseiller
Kim Bryan

GALLIMARD JEUNESSE

Sommaire

Les chevaux primitifs 6

Les poneys indigènes 28

Les chevaux de travail 56

Les chevaux primitifs

Les chevaux modernes sont apparus dans les grandes prairies d'Amérique du Nord il y a plus de quatre millions d'années, avant de se répandre en Asie en empruntant les terres alors émergées de l'actuel détroit de Béring, qui rattachaient jadis l'Alaska à la Sibérie orientale. Durant des millénaires, ils restèrent sauvages mais, il y a à peu près 5 500 ans, les peuples d'Asie centrale apprirent à les domestiquer puis à les monter.

La famille équine

Les chevaux font partie d'une petite famille de huit espèces étroitement apparentées – les équidés –, composée de chevaux, d'ânes et de zèbres. Ceux-ci sont les survivants d'une famille beaucoup plus diversifiée probablement apparue en Amérique du Nord il y a quelque 50 millions d'années. Leurs plus lointains ancêtres étaient de petits herbivores forestiers. Mais avec le temps, ils évoluèrent vers des formes plus grandes adaptées à la vie dans les grandes prairies ouvertes.

Au commencement

Le plus lointain ancêtre des chevaux modernes était de la taille d'un chien et vivait dans les forêts. Baptisé *Hyracotherium* par les scientifiques, il avait plusieurs doigts au lieu d'un unique sabot à chaque pied, et ses restes fossilisés présentent des dents à couronne basse adaptées à la consommation des feuilles tendres des buissons plutôt que de l'herbe. De nombreuses autres espèces similaires évoluèrent par la suite, ainsi que d'autres adaptées à la vie dans les prairies, mais toutes les formes forestières ont fini par disparaître.

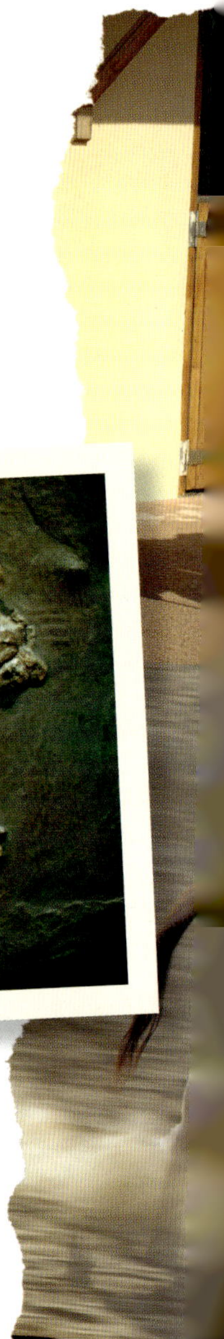

Le kiang *(Equus kiang)* est un âne sauvage qui vit dans les prairies d'altitude du plateau tibétain.

La famille et ses représentants

Les premiers représentants du genre *Equus* semblent être apparus il y a quatre à cinq millions d'années en Amérique du Nord. Très vite, ils se répandirent en Eurasie. Ils donnèrent naissance à toutes les espèces d'équidés sauvages modernes (chevaux, ânes et zèbres) et leurs dérivés domestiques.

Plus gros et plus rapides

Au cours du temps, les chevaux des prairies engendrèrent des espèces pourvues de dents plus grosses, mieux adaptées à la consommation d'herbes rêches et fibreuses. Leurs membres s'allongèrent et leur nombre de doigts diminua, ce qui leur permit de courir plus vite pour échapper aux prédateurs. Ces espèces étaient nombreuses mais seules celles du genre *Equus* ont survécu jusqu'à nos jours.

L'âne commun *(Equus asinus)* a été modifié au cours du temps par l'élevage sélectif.

Le cheval domestique *(Equus ferus caballus)* est une sous-espèce du cheval sauvage *(Equus ferus)*.

Le Cheval de Przewalski *(Equus ferus przewalski)* est le seul cheval véritablement sauvage survivant de nos jours.

L'hémione, ou onagre *(Equus hemionus)*, vit encore à l'état sauvage en Asie, mais cette espèce est aujourd'hui rare et menacée.

Le zèbre des plaines *(Equus quagga)*, ou Zèbre de Burchell, vit en vastes troupeaux dans la savane africaine.

Sur les parois *des cavernes*

Nombre de grottes ornées du paléolithique en France et en Espagne abritent des représentations des chevaux sauvages qui parcouraient les plaines du sud de l'Europe il y a quelque 18 000 ans. La dernière glaciation était en cours. La vie était dure et la survie des hommes dépendait pour une grande part de la chasse des animaux sauvages, y compris des chevaux. Les hommes de cette époque ont laissé des représentations du gibier qu'ils chassaient sur les murs des cavernes et, miraculeusement, certaines sont parvenues jusqu'à nous. Les équidés qui y figurent sont très semblables aux chevaux sauvages les plus primitifs vivant encore de nos jours.

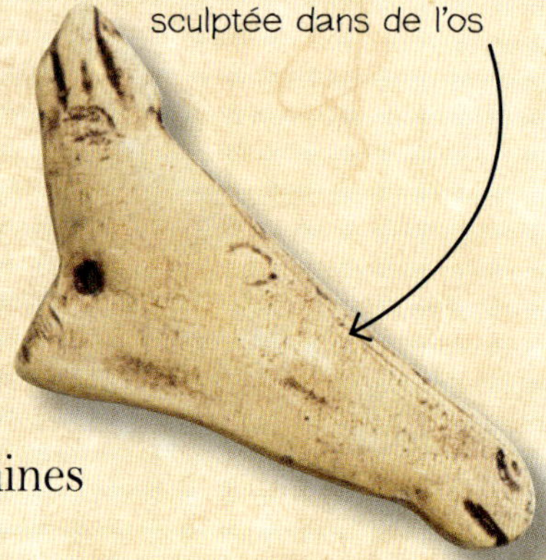

Les peintres de la préhistoire

Ces artistes appartenaient aux peuples du Magdalénien, une période qui dura de 18 000 à 10 000 ans av. J.-C. Les grottes ornées étaient peut-être pour eux des sites sacrés. Outre la peinture, ils se livraient aussi à la sculpture, en taillant, par exemple, des têtes de chevaux dans de l'os.

Des temps difficiles

Les peintures pariétales ont été réalisées à une époque où la majeure partie de l'Europe était couverte de glace. Plus au sud, des prairies accueillaient toute une faune composée, entre autres, de loups, de hyènes, de bisons, de mammouths laineux et de rennes. Certains animaux ainsi que les hommes ont dû migrer vers le sud pour échapper aux rudes hivers. Au printemps suivant, ils remontaient vers le nord.

Les chevaux préhistoriques ressemblaient à l'actuel cheval de Przewalski.

Des traits familiers

Les chevaux des peintures pariétales, comme celui-ci retrouvé dans la grotte de Niaux, dans le sud-ouest de la France, présentent une conformation robuste avec une tête massive et une crinière dressée ; un aspect très similaire au Cheval de Przewalski. Certaines peintures arborent même des couleurs de robe identiques à ce dernier – louvet, avec les membres foncés. Cela ne signifie pas pour autant qu'il s'agissait de la même espèce, mais c'était probablement une espèce très proche.

Des trésors cachés

Malheureusement, lorsque les grottes ornées sont ouvertes au public, leurs peintures commencent à s'effacer. Elles sont en effet altérées par des modifications physico-chimiques qui interviennent dans l'atmosphère et sur les parois. C'est pourquoi les plus belles représentations ont été copiées pour être présentées au public dans des répliques, comme celle-ci à Altamira, dans le nord de l'Espagne, tandis que les véritables grottes ont été fermées pour être surveillées et préservées.

Réplique de la grotte d'Altamira, dans le nord de l'Espagne

Un monde perdu

Les peintres du Magdalénien utilisaient des couleurs naturelles et faisaient preuve d'un étonnant sens artistique pour reproduire les animaux sauvages qu'ils chassaient. La grotte la plus célèbre, celle de Lascaux, en France, compte plus de 900 représentations d'animaux. Pas moins de 364 d'entre elles sont des chevaux, ce qui tend à prouver que les équidés devaient constituer une part importante de la faune sauvage, du moins aux yeux des hommes de l'époque.

Cheval sauvage courant vers un aurochs

Les chevaux **sauvages**

Les chevaux sauvages vivent en troupeaux, parcourant les prairies à la recherche des meilleures zones de pâture. Rester rassemblés leur permet de mieux se défendre contre les grands prédateurs comme les loups. C'est le mode de vie instinctif de l'espèce car la plupart des chevaux domestiques retournés à la vie sauvage, tels les Camargues, les Mustangs et nombre de poneys indigènes, l'adoptent également. Ces chevaux féraux vivent à peu près de la même manière que leurs lointains ancêtres, il y a plus de 5 000 ans.

Des troupeaux au pâturage

La vie grégaire permet de multiplier les individus susceptibles de détecter l'approche d'un danger : un mode de vie essentiel pour tous les grands herbivores qui ne peuvent se cacher de leurs prédateurs. Les chevaux préfèrent vivre en groupes d'une dizaine d'individus, mais peuvent momentanément former des troupeaux plus nombreux. L'abondance de l'herbe, leur principale ressource, leur permet de se nourrir tous sans entrer en compétition alimentaire.

Guidés par l'expérience

Un troupeau type est composé d'un étalon, d'un petit harem de juments et des poulains. Les jeunes mâles forment des groupes distincts. Un troupeau reproducteur est mené par une femelle dominante expérimentée qui connaît les meilleures pâtures et les points d'eau. Cette jument noire a guidé son groupe de Mustangs vers la rivière ; l'étalon bai à sa droite se contente de suivre.

Combats d’étalons

Les étalons en âge de se reproduire sont en compétition pour le contrôle des femelles. Cela se traduit souvent par des combats au cours desquels les rivaux se dressent sur leurs postérieurs, se mordent et s’échangent des coups de sabots, comme ces deux Camargues mâles. Les étalons ont aussi pour rôle de défendre le troupeau contre les prédateurs. Ainsi, dans les plaines africaines, les zèbres mâles attaquent si une hyène en chasse s’approche trop près. Un seul coup de sabot, s’il est bien placé, peut facilement briser une mâchoire.

Des brassages fréquents

Les étalons chassent instinctivement les jeunes mâles et juments hors du troupeau, mais les jeunes femelles provenant d’autres groupes y sont souvent admises. Si l’étalon dominant est blessé ou affaibli, il peut être chassé par un jeune mâle plus fort. Dans la mesure où la vie des étalons sauvages comporte plus de risques que celles des juments, ce genre de prise de pouvoir n’est pas rare.

Toujours en mouvement

Les chevaux sauvages occupent un territoire que l’étalon délimite par des marquages odorants sous la forme de tas de crottin, en particulier durant la saison de reproduction. Le troupeau s’y déplace sans cesse en fonction des saisons, du temps, de la disponibilité de la nourriture et de l’eau. De ce fait, les chevaux connaissent bien leur territoire, en particulier la femelle dominante.

Le Cheval de Przewalski

Découvert en 1879 par le colonel Nicolaï Przewalski, un explorateur russe, cet animal rustique à grosse tête est l'unique cheval sauvage de pure race existant encore de nos jours. Przewalski le découvrit en Mongolie occidentale, où il était au bord de l'extinction à cause de la chasse que lui livraient les peuples locaux. Sauvé par la reproduction en captivité, il a été réintroduit dans les steppes d'Asie de ses origines. Il y vit aujourd'hui à l'état totalement sauvage, mais, constituant le dernier chaînon vivant avec les ancêtres primitifs du cheval domestique, il fait l'objet d'une étroite protection.

Cheval de Przewalski

Sauvage par nature, le Cheval de Przewalski est entêté et souvent agressif, ce qui le rend quasi impossible à domestiquer.

Hauteur au garrot : 1,22 m à 1,42 m
Robes : louvet jaune (couleur la plus commune); crinière, queue et extrémité des membres foncées.

De robustes rescapés

Ces chevaux sauvages vivent en totale liberté dans les steppes herbeuses d'Asie centrale depuis au moins 20 000 ans, et probablement beaucoup plus. Ce sont des survivants de la dernière époque glaciaire et ils ont hérité de leurs ancêtres la capacité à prospérer sous un climat hostile en parcourant de vastes distances à travers les plaines à la recherche d'herbe à pâturer.

Race similaire

Tarpan

Le tarpan originel était un ancêtre sauvage des chevaux domestiques. Après son extinction en 1887, il a été recréé artificiellement par sélection à rebours.

Hauteur au garrot : 1,32 m en moyenne
Robes : louvet à gris avec raie dorsale

La domestication

Pour les hommes du paléolithique qui les peignaient sur les parois de leurs cavernes, les chevaux étaient surtout considérés comme du gibier qu'il leur fallait tuer pour survivre. Des milliers d'ossements de chevaux retrouvés dans des gisements du Kazakhstan révèlent que les équidés étaient encore chassés il y a 5 500 ans. Mais une partie de ces os montre également que certains de ces chevaux étaient utilisés à d'autres fins. 1 500 ans plus tard, ils étaient définitivement domestiqués et attelés à des chars. À la fin de l'âge du bronze, des cavaliers les montaient pour partir à la guerre.

Anciens vestiges

Les dents de certains des crânes de chevaux vieux de 5 500 ans retrouvés au Kazakhstan présentent une « usure du mors » indiquant l'usage de brides. Il devait s'agir de juments domestiquées pour leur lait, qui est une boisson traditionnelle dans cette région. Toutefois, une partie de ces crânes étaient ceux de mâles. Il est donc possible qu'ils aient aussi été utilisés comme chevaux de bât.

Les chevaux des steppes

La domestication a débuté dans les steppes d'Asie centrale, milieu de prédilection des chevaux sauvages. Ces animaux étaient alors très similaires au Cheval de Przewalski, qui occupait cette région depuis des millénaires, mais il s'agissait plus vraisemblablement du Tarpan originel.

Objets funéraires

Vers 2000 av. J.-C., les chevaux étaient utilisés pour tirer des chars. Nous le savons parce que des os d'équidés ont été découverts dans des sépultures aux côtés de roues de chars. Ces sépultures contenaient également des montants de bride en os de cerf cloutés qu'on utilisait avec des guides pour contrôler les chevaux. Cette figurine en or d'un char attelé a été réalisée en Perse au Xe siècle av. J.-C.

Montures assyriennes

Ce bas-relief en pierre du VIIIe siècle av. J.-C. est l'une des nombreuses sculptures assyriennes représentant des hommes à dos de cheval. Elles constituent les plus anciennes preuves dont nous disposons de l'usage des chevaux comme montures, pratique qui avait probablement débuté quelque 200 ans plus tôt. Le cavalier a un tapis de selle mais pas d'étriers. Ceux-ci ne furent inventés que vers 500 av. J.-C.

Armes de guerre

Dès que l'homme sut monter à cheval, il commença à s'en servir pour aller à la guerre. Parmi les premiers guerriers montés figuraient les Scythes d'Asie occidentale, qui inspiraient une telle terreur à leurs victimes que celles-ci croyaient qu'ils étaient mi-hommes, mi-chevaux. Cette croyance est probablement à l'origine de la légende du centaure.

Le Sorraia

Originaire de la région de la rivière Sorraia, au Portugal, ce très robuste poney a très peu évolué au cours des siècles ; c'est probablement un descendant direct du Tarpan. Il conserve plusieurs traits primitifs et fut peut-être l'une des premières races domestiques. Doté d'un tempérament calme, facile à dresser, il était largement utilisé dans le passé pour mener le bétail. Les Espagnols l'importèrent en Amérique, où son influence est encore détectable chez les Mustangs semi-sauvages.

De justesse

En 1920, des Sorraia sauvages survivaient au Portugal en très petit nombre. Ils furent sauvés de l'extinction par le Dr Ruy d'Andrade, un zoologiste qui en élevait un petit groupe dans sa propriété. Les troupeaux sauvages sont aujourd'hui plus nombreux, mais avec un total de seulement 200 représentants environ, la race reste très rare.

Sorraia

Le Sorraia ressemble beaucoup aux chevaux sauvages représentés dans les peintures rupestres remontant à bien plus de 10 000 ans ; une autre preuve de sa nature primitive.

Hauteur au garrot : 1,22 m à 1,33 m
Robes : louvet ou gris avec raie de mulet

Races similaires

Huçul

Le Huçul est une race polonaise primitive des montagnes des Carpathes. Petit et robuste, il fait un excellent poney de bât.

Hauteur au garrot : 1,22 m à 1,32 m
Robes : essentiellement louvet et bai

Konik

Race polonaise ancienne, le Konik est robuste, volontaire et généralement docile. Des troupeaux semi-sauvages vivent dans des réserves en Europe.

Hauteur au garrot : 1,25 m à 1,35 m
Robe : louvet avec raie de mulet

L'histoire de Bucéphale

Le cheval légendaire d'Alexandre le Grand

Trois siècles avant l'avènement de l'Empire romain, régnait sur la Macédoine – une province de la Grèce antique – un grand roi du nom de Philipe II, qui aimait les beaux chevaux. Un jour, accompagné d'Alexandre, son fils de 13 ans, il alla voir un magnifique étalon noir avec une étoile blanche sur le front qu'il envisageait d'acheter. L'animal avait un caractère farouche et, chaque fois que l'un des hommes de Philippe tentait de le monter, le cheval se cabrait et ruait jusqu'à ce que le cavalier soit jeté à terre. Le roi était sur le point de renoncer à cet achat lorsqu'Alexandre demanda à son père la permission d'essayer de monter ce cheval. Philippe refusa d'abord mais, devant l'insistance de son fils, il finit par lui céder.

Alexandre s'approcha du cheval nerveux, le saisit par la bride et commença à le caresser et à lui parler calmement. En le faisant marcher ainsi, le jeune homme constata que l'animal semblait effrayé par sa propre ombre. Alexandre le fit tourner face au soleil jusqu'à ce qu'il ne puisse plus la voir, puis il sauta sur son dos.

Le cheval fit un écart, mais Alexandre sut conserver son assiette et calmer sa monture. Au bout de quelques minutes, l'animal se détendit et Alexandre put le monter devant son père. Rayonnant de fierté, Philippe acheta l'étalon et en fit cadeau à Alexandre, qui le nomma Bucéphale.

Le roi Philippe fut assassiné en 336 av. J.-C., et Alexandre lui succéda sur le trône de Macédoine. Il avait tout juste 20 ans. À la tête d'une puissante armée qui comptait au moins 5 000 cavaliers, il conquit le Moyen-Orient en l'espace de deux ans et commença à bâtir un immense empire s'étendant sur la majeure partie de l'Asie occidentale et de l'Égypte. Le jeune dresseur de chevaux était devenu Alexandre le Grand. Bucéphale l'accompagna dans toutes ses premières campagnes. À la bataille d'Issos, en 333 av. J.-C., tous deux dirigèrent une charge de cavalerie dévastatrice contre l'armée du roi perse Darius III. L'homme et son cheval étaient inséparables.

Fidèles destriers

La légende d'Alexandre et Bucéphale grandit après la mort du souverain, et d'autres conquérants éprouvèrent le besoin de posséder un cheval favori. L'empereur Napoléon fut de ceux-ci. De 1800 à 1815, il alla souvent au combat sur le même étalon, un Arabe gris baptisé Marengo.

Une race exotique

Personne ne sait exactement de quelle région du monde antique venait Bucéphale. Il est possible qu'il ait été élevé en Thessalie, mais c'était plus probablement un étalon Turkmène, similaire aux actuels représentants de la race Akhal-Téké (ci-contre), élevée depuis des siècles au Turkménistan.

Sept années plus tard, Alexandre livra une bataille sur les bords de la rivière Hydaspe, aujourd'hui la Jhelum, dans l'actuel Pakistan. Dans ce combat, Alexandre montait encore Bucéphale. Les Macédoniens en sortirent vainqueurs, mais le cheval bien-aimé de leur roi mourut peu après des blessures qu'il y avait subies. Très touché par cette perte, Alexandre fonda, en l'honneur de sa monture, une ville qu'il baptisa Bucéphale, près du champ de bataille. Cette cité a disparu depuis longtemps, mais un jour, peut-être, en redécouvrira-t-on les vestiges, ainsi que la tombe de l'étalon noir qui porta son maître sur les chemins de la gloire.

Sculpture antique représentant Bucéphale à la bataille d'Issos

Le Camargue

Des chevaux vivent à l'état sauvage depuis des siècles en Camargue, région humide et marécageuse du delta du Rhône, en France. D'origine ancienne, avec du sang d'Arabe et de Barbe, leur rude existence en a fait des animaux robustes et endurants. Ils se reproduisent librement, mais les mâles de qualité inférieure sont castrés au cours des rassemblements de troupeaux qui sont effectués régulièrement. Certains Camargues sont aussi dressés pour être montés, constituant la monture traditionnelle utilisée par les gardians camarguais pour conduire les manades de taureaux, de vaches ou de chevaux.

Des troupeaux nomades

Les Camargues sauvages vivent en troupeaux comme leurs ancêtres, parcourant les marais côtiers où ils broutent les roseaux, salicornes et herbes coriaces. Les siècles de survie sur des terrains aussi pauvres en ont fait des chevaux robustes et pleins de ressources, de maturité tardive mais jouissant d'une longue durée de vie.

Camargue

Puissant, agile, doté d'un pied sûr et d'un tempérament calme, le Camargue est aujourd'hui largement utilisé pour la randonnée équestre dans sa région natale.

Taille au garrot : 1,34 m à 1,44 m
Robe : gris-blanc le plus souvent (les poulains naissent foncés)

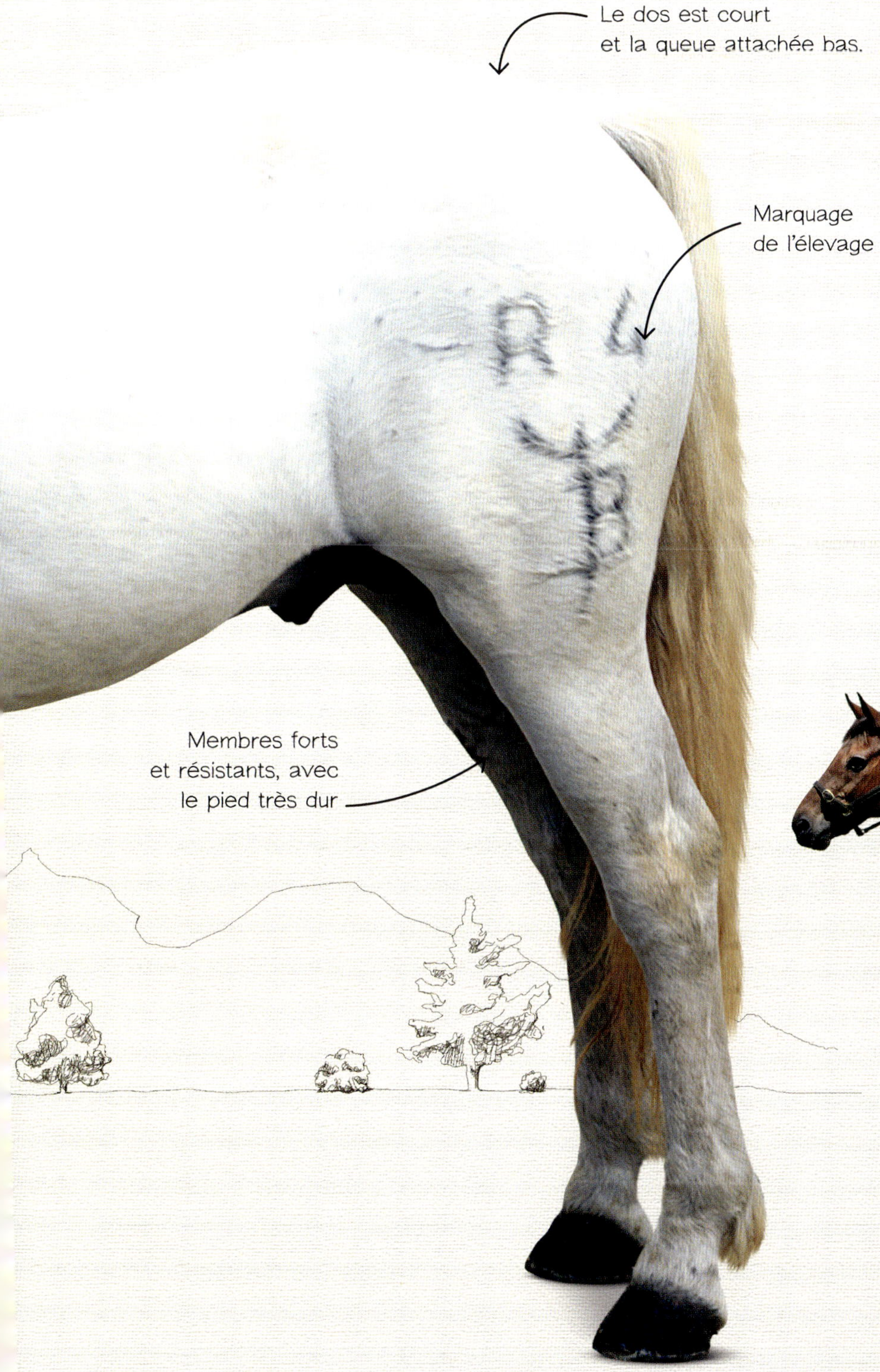

Races similaires

Mustang

En Amérique du Nord, les chevaux féraux – d'origine domestique mais retournés à l'état sauvage – sont appelés Mustangs. À l'origine de type espagnol, ils présentent aujourd'hui une forte variation.

Taille au garrot : 1,34 m à 1,52 m
Robes : toutes

Brumby

Les chevaux féraux australiens, appelés Brumbies, sont issus d'une large gamme de races. Ils sont extrêmement résistants, volontaires mais difficiles à dresser.

Taille au garrot : jusqu'à 1,52 m
Robes : toutes

Les chevaux qui firent un empire

Sorti de l'anonymat pour régner sur la moitié du monde, Ghengis Khan fut un bâtisseur d'empire ambitieux qui, au début du XIIIe siècle, conquit la majeure partie de l'Asie centrale. Il y parvint en unissant sous son commandement les tribus nomades mongoles dont il exploita les extraordinaires dons de cavaliers pour créer une force militaire puissante et rapide. L'organisation et la discipline de ces hommes étaient étonnantes, ce qui fit d'eux la cavalerie la plus efficace et la plus redoutée de l'Histoire. Ils menaient leurs conquêtes avec une terrifiante cruauté, détruisant des villes entières sur leur passage.

Le Grand Khan

Né d'un chef de clan mongol vers 1160, l'homme qui allait devenir Ghengis Khan était le fils aîné d'une famille de sept enfants. Il se maria jeune mais son épouse fut kidnappée par une tribu rivale. Après avoir formé une alliance avec deux autres clans pour la récupérer, il continua à rallier d'autres clans sous sa bannière et finit par être proclamé *Khan*, c'est-à-dire empereur. Peu après, il se lança dans des invasions qui lui permirent de bâtir son empire.

Les cavaliers mongols

Les tribus mongoles entretenaient une longue tradition de cavalerie, qui perdure de nos jours dans les steppes de Mongolie. Ce don, à l'origine essentiel pour l'élevage des chevaux et autre bétail, fut peu à peu façonné par les guerres tribales. Les cavaliers apprirent à maîtriser le combat à dos de cheval et à entreprendre de longs voyages, autant de capacités qui se révélèrent essentielles pour la stratégie de Genghis Khan.

De redoutables cavaliers

Les Mongols combattaient à cheval, juchés sur les robustes poneys de leurs steppes natales. Ils montaient avec des étriers, sur lesquels ils pouvaient prendre appui pour se retourner en pleine course, afin de décocher des flèches dans toutes les directions. Chaque guerrier possédait trois ou quatre montures, qu'il utilisait à tour de rôle pour parcourir au galop de grandes distances sans s'arrêter. Les Mongols pouvaient ainsi couvrir jusqu'à 160 km par jour pour aller attaquer leurs ennemis par surprise et les anéantir.

Des jeux guerriers

Contrairement à la plupart de leurs ennemis, les guerriers mongols s'entraînaient constamment pour perfectionner leurs dons de cavaliers. C'est peut-être ce qui a inspiré le violent jeu d'équipe du bouzkachi, auquel on se livre encore de nos jours en Asie centrale. Plusieurs équipes d'une dizaine de cavaliers s'affrontent. Il s'agit de s'emparer d'une carcasse décapitée de veau ou de chèvre déposée sur le sol, puis, sans se la faire dérober par les joueurs des autres équipes, d'aller la déposer en un endroit précis pour marquer des points. Sport national afghan, le bouzkachi est également populaire dans de nombreux pays du sud de l'Asie centrale.

Les Mongols parcouraient de longues distances pour atteindre leurs cibles et les attaquer au grand galop et par surprise.

L'Arabe

La plus renommée de toutes les races de chevaux, l'Arabe est également l'une des plus anciennes. Des vestiges archéologiques suggèrent qu'elle est âgée d'au moins 4 500 ans et qu'elle serait issue d'un cheval sauvage assez différent de ceux des steppes du nord – peut être le Cheval de la Caspienne. Depuis les premiers enregistrements, la race est restée pure, préservant ses caractères distinctifs tels que sa tête au profil concave, son encolure arquée, sa queue attachée haut, son action dansante et sa prestance. Elle représente le « sang chaud » ultime (voir p. 31), qui a servi à créer et améliorer nombre d'autres races, notamment le Pur-sang.

Races similaires

Barbe

Équivalent nord-africain de l'Arabe, le Barbe a une histoire tout aussi ancienne. Il est moins gracieux, mais résistant et très rapide.

Taille au garrot : 1,44 m à 1,54 m
Robes : gris, bai, bai brun, noir et alezan

Tersk (ou Tersky)

Cette race a été développée dans le sud-ouest de la Russie à partir de 1920 en croisant des Arabes avec des chevaux locaux. L'animal qui en résulte est à la fois robuste et élégant.

Taille au garrot : 1,45 m à 1,53 m
Robes : essentiellement gris, aussi alezan

Un cheval du désert

Comme son nom le suggère, l'Arabe a probablement ses origines au Moyen-Orient, dans la région située entre l'Arabie et la Turquie. Ses éleveurs les plus anciens que l'on connaisse étaient les tribus de Bédouins du désert chez qui, inhabituellement, les juments étaient plus prisées que les mâles car plus calmes au combat. De nos jours, l'Arabe est élevé dans le monde entier.

Arabe

Élégant et rapide, avec des allures légères, gracieuses, souvent flottantes, l'Arabe fait également preuve d'une vigueur et d'une endurance extraordinaires.

Taille au garrot : 1,43 m à 1,52 m
Robes : essentiellement bai, gris et alezan

Les poneys indigènes

Des poneys vivent à l'état sauvage depuis des siècles dans de nombreuses régions du monde, et certains sont peut-être les descendants directs des chevaux sauvages de la préhistoire. Leurs conditions de vie difficiles en ont fait des animaux très résistants, indépendants, dotés d'un pied sûr. Une fois domestiqués, ils sont dociles, adaptables, et étonnamment forts.

Races et types

Toutes les races de chevaux ont été créées par l'homme au moyen de la sélection, c'est-à-dire en choisissant les animaux reproducteurs d'après les caractères recherchés : force, vitesse, résistance, endurance, taille, robe, etc. Au cours du temps, ces caractères se sont amplifiés et affinés. Bien sûr, il n'existe pas de combinaison idéale : chaque race possède un ensemble particulier de caractères physiques et psychiques. Elles se rangent néanmoins dans des catégories plus larges appelées types, définies d'après les aptitudes de leurs représentants.

La « matière première »

Les premiers chevaux domestiques ont été développés à partir de chevaux sauvages des steppes d'Asie centrale, tels que le Tarpan. Le Cheval de Przewalski actuel, quant à lui, ne serait pas l'ancêtre direct du cheval moderne, mais tous deux seraient issus d'un ancêtre commun. La diversité des races modernes suggère cependant qu'elles dérivent d'autres races sauvages. Les progrès récents dans l'analyse de l'ADN devraient permettre de clarifier leurs origines.

L'élevage sélectif

Dans la nature, les étalons sauvages se livrent à une rude compétition pour la possession des femelles. De ce fait, seuls les plus forts parviennent à s'accoupler et à transmettre leurs gènes puissants à leur descendance. L'un des buts de l'élevage sélectif est d'affiner ce processus en sélectionnant les reproducteurs, les étalons comme les juments. Souvent, une partie des produits de ces accouplements possèdent la combinaison des traits de leurs deux parents recherchés par l'éleveur.

Les sociétés de races

Les caractéristiques de chaque race sont définies par la société ou association de race qui fait autorité et en contrôle l'élevage. Celle-ci enregistre les juments et les étalons reproducteurs et confirmés dans un « stud-book » (ou « livre des origines », qui est la dénomination française, au demeurant peu utilisée). Selon la race, pour être enregistré, le cheval doit être soit de pure race (c'est-à-dire issu de deux parents eux-mêmes enregistrés), soit correspondre au standard de race très strict établi par la société.

Sang froid

Sang chaud ou demi-sang

Pur-sang

Une étonnante diversité

Les éleveurs de chevaux ont créé plus de 300 races aussi différentes que peut l'être cet étalon Frison de son petit compagnon le poney Shetland. Chaque race a sa propre combinaison de qualités, et si la plupart sont restées locales, certaines sont aujourd'hui élevées dans le monde entier.

Les types

Un type est un groupe de chevaux aux caractéristiques identiques les destinant à un usage spécifique, sans partager forcément le même patrimoine génétique. Des races différentes peuvent donc appartenir à un même type. On trouve par exemple les types hack, hunter, poney de selle, trait lourd et trait léger. Le type indique également le tempérament du cheval : les sang froid sont des travailleurs placides tandis que les pur-sang (comme l'Arabe ou le Pur-sang anglais) sont des coursiers aériens. Les demi-sang, quant à eux, associent le meilleur des deux.

L'Exmoor

Ce poney très résistant est la plus ancienne et la plus pure des races indigènes britanniques. La couleur pâle autour des yeux, sur le museau et sous le ventre est un caractère primitif, probablement hérité d'anciens chevaux sauvages. En dépit de sa petite taille, il est très robuste et doté d'une grande vigueur ; son intelligence innée en fait la monture idéale pour les terrains de landes accidentées de sa région natale, dans le sud-ouest de l'Angleterre. L'Exmoor peut se montrer entêté mais les individus bien dressés font d'excellents poneys pour les enfants et travaillent bien à l'attelage.

Landes natales

La présence de poneys dans l'Exmoor est antérieure à la dernière glaciation, mais les troupeaux semi-sauvages sont aujourd'hui rares et naturellement farouches. Ses yeux « de crapaud » à paupières saillantes et son pelage d'hiver isolant à deux couches protègent ce poney des humeurs imprévisibles du climat de la région.

Exmoor

La race a très peu changé depuis l'âge de fer, époque où elle était utilisée pour tirer des chars.

Taille au garrot : 1,22 m à 1,25 m
Robes : bai, bai brun ou louvet

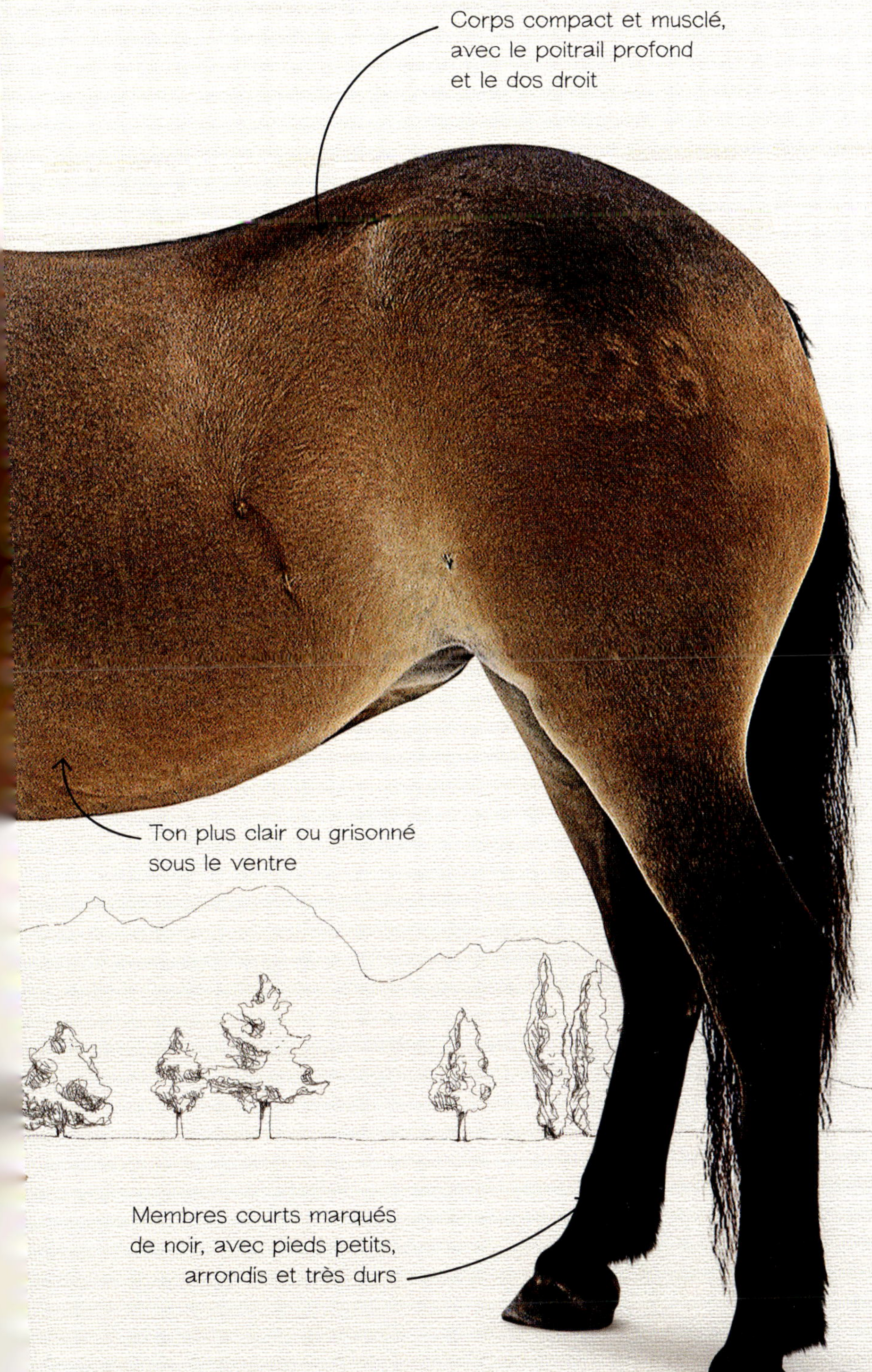

Races similaires

Dartmoor

Issu lui aussi des landes du sud-ouest de l'Angleterre, c'est un excellent poney de selle, bien conformé et au tempérament doux.

Taille au garrot : 1,12 m à 1,24 m
Robes : essentiellement bai, bai-brun ou noir

Dales

Le Dales fut élevé à l'origine dans le nord de l'Angleterre pour en faire un poney d'attelage puissant et résistant, mais il est utilisé aujourd'hui sous la selle et pour le travail à la ferme.

Taille au garrot : 1,34 m à 1,44 m
Robes : généralement noir, parfois bai foncé ou bai

New Forest

Ce poney robuste et docile descend des poneys qui vivaient semi-sauvages dans le sud de l'Angleterre, mais a été influencé par d'autres races.

Taille au garrot : 1,22 m à 1,44 m
Robes : toutes couleurs unies

Les chevaux mythiques

Des siècles durant, les chevaux ont été considérés comme des symboles de puissance et de conquête. Il n'est donc guère surprenant que de nombreux mythes et légendes se soient bâtis autour d'eux. Dans leurs formes les plus simples, ils mettaient en scène des chevaux extraordinairement beaux, puissants et intelligents. Mais au cours du temps, des formes plus complexes se sont développées dans lesquelles ces animaux ont acquis des attributs fabuleux tels que des ailes, des cornes, voire des têtes et des membres multiples. La plupart avaient des pouvoirs surnaturels qui leur permettaient d'emporter ceux qui les montaient à travers l'espace et le temps. Mais certains de ces chevaux mythiques étaient des agents du mal semant la mort et la destruction.

La corne spiralée était investie de propriétés magiques.

La licorne

Dans l'Europe médiévale, la mythique licorne était généralement décrite comme un blanc pur doté, sur le front, d'une unique et longue corne spiralée. Elle était symbole de pureté et l'on croyait que sa corne possédait des pouvoirs magiques. Cette croyance eut pour effet d'inspirer un lucratif commerce aux dépens des narvals – ces cétacés des mers arctiques – dont la défense pouvait passer pour celle d'une licorne à cause de sa structure longue, droite et torsadée.

Dc blancs coursiers

Dans sa perfection et sa magnificence, le cheval de légende était presque toujours blanc. C'est le cas du cheval de Saint Georges, par exemple, ou de Kanthaka, monture favorite du prince Siddhartha, futur Bouddha. C'est peut-être cette tradition qui a inspiré l'une des plus anciennes représentations de chevaux (après celles des peintures rupestres du paléolithique) : le gigantesque cheval blanc d'Uffington, dans le sud de l'Angleterre, sculpté dans la craie à flanc de colline durant l'âge du bronze.

Des pouvoirs magiques

Parmi les chevaux mythiques les plus fantastiques, figurent ceux dotés de plusieurs têtes ou de plus de quatre membres. Ainsi, dans la mythologie scandinave, le dieu Odin monte Sleipnir, le cheval à huit membres, qui emporte son maître vers les cieux et le pays des morts. Dans la mythologie hindoue, on trouve Uchaishravas, le cheval volant à sept têtes, ancêtre des chevaux, né du barattage de la mer de lait, l'un des mythes fondateurs de l'hindouisme.

Les étoiles représentent la constellation de Pégase.

Des chevaux et des ailes

Nombre de chevaux mythiques étaient dotés d'ailes. Le plus célèbre d'entre tous est Pégase, le cheval ailé de la mythologie grecque, qui, selon la légende, fut capturé par le héros Bellérophon et sur le dos duquel ce dernier vainquit un monstre, la Chimère. Les astronomes ont donné son nom à l'une des constellations de l'hémisphère Nord, représentée dans cette illustration du xve siècle. Un cheval ailé similaire nommé Tianmar apparaît dans le folklore chinois. Dans la tradition islamique, l'archange Gabriel possède lui aussi un cheval ailé du nom de Haizum.

Des chevaux démoniaques

Certains chevaux mythiques possèdent des pouvoirs maléfiques. Ce sont, par exemple, les kelpies du folklore celtique, chevaux aquatiques qui entraînaient leurs victimes sous les eaux pour les noyer. Cette illustration hindoue montre le cheval démon Keshi, envoyé pour détruire le dieu Krishna, et que ce dernier parvint à tuer en enfonçant son bras dans sa bouche pour l'étouffer.

Le Cheval de la Caspienne

En 1965, l'éleveuse américaine Louise Firouz découvrit ce petit cheval utilisé par des fermiers locaux dans le nord de l'Iran. Avec sa conformation élancée et son action gracieuse, il présentait une ressemblance frappante avec l'Arabe, avec lequel il pourrait partager le même ancêtre : le cheval miniature de l'ancienne Mésopotamie. De nos jours, le Cheval de la Caspienne est élevé dans plusieurs pays où il est prisé pour son élégance et son tempérament calme. Son ossature étroite en fait une monture idéale pour les enfants.

Des origines anciennes

Le Caspien a un aspect très similaire à celui des chevaux des sculptures de l'antique cité perse de Persépolis, datant d'environ 500 av. J.-C. Mais les mêmes chevaux étaient déjà utilisés par les Mésopotamiens il y a 5 000 ans, ce qui fait de cette race l'une des deux plus anciennes races au monde génétiquement pures, avec le Cheval de Przevalski.

Cheval de la Caspienne

Utilisé sous le harnais depuis des siècles, le cheval de la Caspienne a une grâce et une agilité naturelles qui en font aussi une excellente monture, en particulier pour les enfants.

Taille au garrot : 1,02 m à 1,22 m
Robes : bai, gris et alezan

Races similaires

Poney mongol

Il s'agit d'une autre race de type ancien dérivée des chevaux sauvages des steppes asiatiques. Il est très résistant et possède une extraordinaire endurance.

Taille au garrot : 1,24 m à 1,44 m
Robes : essentiellement louvet, bai et noir

Batak

Métissé de Poney mongol et d'Arabe, le Batak est une race indonésienne, localement populaire comme poney de selle et d'attelage léger.

Taille au garrot : jusqu'à 1,32 m
Robes : toutes

Les chevaux et leurs sens

Les chevaux sont, par nature, des animaux sociaux et grégaires, qui communiquent constamment avec leurs semblables. Ceci a nécessité un développement à la fois de leur intelligence et de leurs sens. Leurs ancêtres sauvages devaient être constamment en alerte face à la menace des prédateurs tels que les loups, et les chevaux domestiques ont hérité de leur sensibilité au moindre changement, au moindre mouvement dans leur environnement. Ce sont des animaux auxquels rien n'échappe.

Vision panoramique

Le cheval a de gros yeux implantés haut sur les côtés de la tête qui lui donnent un champ de vision très large. Son long museau lui permet de garder l'œil sur un éventuel danger tout en broutant. Il dispose d'environ 65° de vision binoculaire vers l'avant, essentielle pour juger les distances, et d'une meilleure vision nocturne que la nôtre. Mais sa perception des couleurs est faible ; il ne voit pas le rouge.

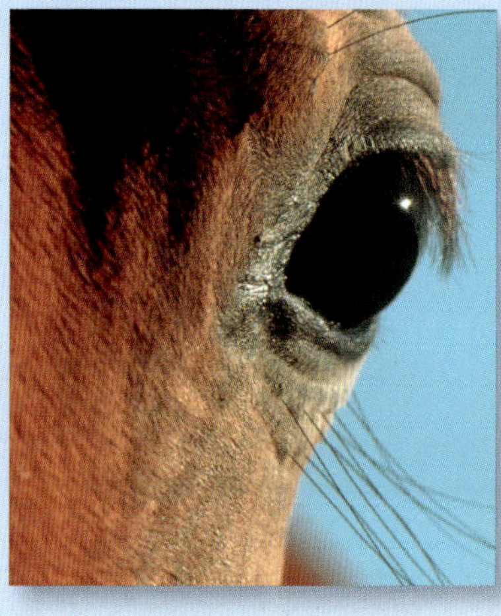

Les odeurs sociales

Comme la plupart des mammifères sociaux, les chevaux ont un odorat hautement développé pour identifier, parmi leurs semblables, les individus connus et les étrangers. Leurs capacités olfactives sont amplifiées lorsqu'ils pratiquent le flehmen, la tête levée et la lèvre supérieure retroussée. Ce faisant, ils facilitent le passage de l'air dans une dépression logée dans le palais, abritant l'organe de Jacobson, particulièrement sensible aux phéromones.

Une ouïe fine

Le cheval a des oreilles très sensibles aux pavillons très mobiles qu'il peut faire pivoter pour localiser la source d'un bruit sans avoir besoin de tourner la tête. Le mouvement des oreilles trahit d'ailleurs l'humeur de l'animal. Lorsque celles-ci sont pointées vers l'avant, par exemple, l'animal se livre à une écoute vigilante. Les autres chevaux sont attentifs aux mouvements d'oreilles d'un congénère car ceux-ci constituent une part importante de la communication sociale.

De bon goût

Bien qu'il soit moins important que sa vue, son ouïe et son odorat, le cheval dispose d'un sens du goût assez développé qui lui permet de choisir, lorsqu'il broute, les végétaux qu'il consomme, et de rejeter notamment ceux au goût amer qui pourraient être toxiques. Ce sens lui permet aussi d'apprécier les bonnes choses, car le cheval adore manger des friandises sucrées, comme cette pomme juteuse.

Sensibles au toucher

Les chevaux ont un sens du toucher bien développé. Lorsqu'on les observe au paddock en été, on les voit souvent faire jouer leurs muscles des flancs pour chasser une mouche qui s'y est posée. Ce n'est pas seulement à cause de l'irritation qu'elle provoque : certaines mouches sont des suceuses de sang ou des pondeuses parasites. Les chevaux se tiennent souvent côte à côte tête-bêche, battant de la queue pour tenir à distance ces dérangeants insectes.

Le Connemara

Baptisé du même nom que la région montagneuse et pluvieuse de l'ouest de l'Irlande où il vit depuis des siècles, le Connemara est un poney indigène rustique qui a reçu des apports de sang welsh, arabe et oriental. Cette combinaison a produit une race robuste et intelligente avec une touche d'élégance qui lui permet de s'aligner régulièrement dans les concours d'obstacles et même de dressage. Elle est aujourd'hui populaire dans le monde entier, tant comme poney de selle que d'attelage.

Une monture fiable

Bien que plus élégant que la plupart des poneys indigènes, le Connemara conserve la rusticité et le comportement réfléchi qui lui ont permis de survivre sur les pentes tourbeuses de sa terre natale. Cela en fait une monture très fiable, au pied sûr, pour s'aventurer sur les terrains accidentés.

Races similaires

Welsh de montagne (section A)

Le plus ancien, le plus petit et le plus élégant des quatre types (sections) de poneys Welsh, cette race résistante et athlétique est idéale pour les jeunes cavaliers.

Taille au garrot : jusqu'à 1,24 m
Robes : toutes robes unies

Connemara

Compact mais bien conformé, le Connemara est agile et rapide, doté d'une impressionnante vigueur et d'une action très fluide. Il possède en outre un tempérament plein de vitalité.

Taille au garrot : 1,32 m à 1,44 m
Robes : surtout gris mais aussi noir, bai, bai brun et louvet.

Welsh (section B)

Comptant parmi les quatre types de poneys Welsh, où l'on trouve aussi le welsh de type Cob (section C) et le Welsh Cob (section D), ce Welsh a dans les veines du sang d'Arabe et de Barbe. C'est un élégant poney de selle.

Taille au garrot : jusqu'à 1,34 m
Robes : toutes robes unies

Les chevaux tziganes

Des siècles durant, les peuples tziganes ont sillonné les routes d'Europe dans des roulottes en bois souvent magnifiquement ornées nommées *vardos*, et tirées par des chevaux. Ils utilisaient aussi de petites voitures à deux roues attelées à des poneys légers. Ces chevaux et poneys étaient essentiels à leur mode de vie et, bien que les peuples du voyage d'aujourd'hui les aient troqués contre des véhicules à moteur, l'élevage et le commerce des chevaux restent des aspects essentiels de la tradition tzigane. Le cheval qu'ils jugeaient idéal ne se conformant à aucune des races familières, les éleveurs tziganes ont, au cours du temps, créé leur propre race.

La plupart des *vardos*, roulottes attelées, sont peintes de couleurs vives et richement ornementées.

Les chevaux du voyage

De nombreux types de chevaux étaient utilisés sous le harnais, mais les Roms de Grande-Bretagne et d'Irlande développèrent une race distincte. Dotée de suffisamment de force et d'endurance pour tirer une lourde roulotte tout au long de la journée, elle possède un tempérament calme et la capacité de subsister avec ce qu'elle trouve à brouter sur le bord des routes. Baptisés Gypsy Cobs, ses représentants ont souvent une robe pie, avec une queue et une crinière très fournies ainsi que des pieds ornés de longs poils appelés fanons.

Des poneys de course

Des poneys plus légers sont souvent attelés à des voitures à deux roues ou à des sulkys utilisés pour les courses de trot. On voit ici l'un de ces poneys trottant sur la Flashing Lane, une rue de la foire aux chevaux d'Appleby, dans le nord de l'Angleterre.

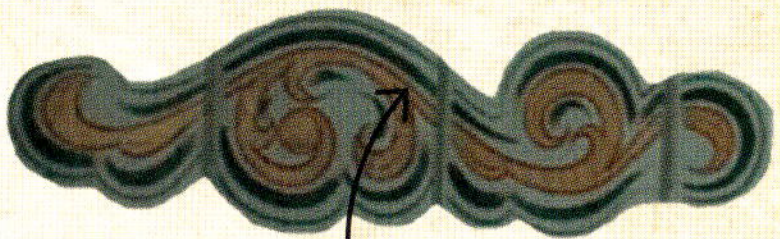

Ornement rehaussé de dorures

Ce Gypsy Cob tire le *vardo* tandis que d'autres chevaux suivent à ses côtés.

Un statut de race

Le Gypsy Cob, aussi appelé Gypsy Vanner ou Tinker, était à l'origine – et est longtemps resté – seulement un type de cheval élevé dans un but pratique particulier, mais il a récemment été reconnu comme race à part entière. Toutes les robes sont admises, bien que les robes pie noires ou pie avec une autre couleur soient préférées. Il est populaire aux États-Unis, où il existe plusieurs classes de taille : « mini Gypsies », « classic Gypsies » et « grand Gypsies ».

La foire d'Appleby

Chaque printemps, la ville d'Appleby-in-Westmorland, dans le comté de Cumbrie, dans le nord-ouest de l'Angleterre, accueille une foire aux chevaux. Entièrement consacrée au commerce des chevaux tziganes et ses activités annexes, cette foire existe depuis au moins 1685 et constitue la plus grande de ce type dans le monde. Pendant l'événement, qui dure tout un week-end, les chevaux sont partout dans la ville, même dans la rivière, où ils sont lavés.

Courts sur pattes mais résistants
Les Shetlands sont remarquablement forts pour leur taille et, sur leurs îles d'origine, on les utilisait sous le harnais pour déplacer les lourdes charges de tourbe ou d'algues marines, en attelages ou comme poneys de bât. La race est très résistante, disposant d'une épaisse toison d'hiver pour se protéger du froid, d'une queue et d'une crinière luxuriantes.

Le Shetland

Célèbre pour être le plus petit poney indigène britannique, cette race rustique fut développée dans les îles Shetland, au large de la côte nord de l'Écosse. Il est possible que ses ancêtres aient atteint ces îles au cours de la dernière glaciation, lorsque l'archipel était relié au continent du fait du niveau de la mer alors beaucoup plus bas que de nos jours. Quoi qu'il en soit, ces poneys restèrent isolés jusqu'au XIXe siècle, époque où, grâce à leur petite taille, on commença à les utiliser dans les mines de charbon. Aujourd'hui, ils servent de montures pour les enfants ou bien simplement d'animaux de compagnie.

Shetland

La première mention de l'observation de petits poneys d'une grande force sur les îles Shetland date de 1730, mais le stud-book de la race ne fut créé qu'en 1890.

Taille au garrot : jusqu'à 1,03 m
Robes : très variées (alezan, bai, noir, pie noir, pie bai, etc.)

Races similaires

Highland

Utilisé pendant des siècles en Écosse comme cheval à tout faire, le très polyvalent Highland est une robuste race indigène avec du sang oriental et Arabe.

Taille au garrot : 1,32 m à 14,4 m
Robes : louvet, gris, bai et noir

Shetland américain

Obtenue par croisement de Shetlands avec des poneys Hackney, de petits Arabes et d'autres, cette race beaucoup plus raffinée est souvent utilisée sous le harnais .

Taille au garrot : jusqu'à 1,13 m
Robes : toutes couleurs unies

Poney australien

Cet élégant poney est une création récente à partir de nombreuses races dont le Welsh de montagne. C'est une gentille monture pour les enfants.

Taille au garrot : 1,22 m à 1,42 m
Robes : toutes couleurs unies

Comprendre les chevaux

La survie d'un cheval sauvage est dépendante du reste du troupeau et les individus domestiques ont hérité du puissant instinct grégaire de leur espèce. Ils ont conservé cette capacité à réagir au moindre danger qui les sert si bien dans la nature, mais qui peut les conduire à faire preuve de beaucoup de nervosité dans des situations inhabituelles. Quoi qu'il en soit, les chevaux apprennent vite et ont une bonne mémoire, ce qui leur permet de maîtriser des mouvements précis et d'accomplir des exercices complexes.

L'instinct de fuite

Le cheval sauvage compte sur ses sens très affûtés et sur sa vitesse à la course pour échapper aux prédateurs et se montre naturellement craintif et fuyant. Le cheval domestique agit de même. Il est toujours en alerte, à l'affût du moindre danger, pouvant même dormir debout. Face à toute forme de menace, son instinct lui dicte de fuir.

Des étalons heureux

En présence de juments, les étalons se montrent agressifs les uns envers les autres. Mais le reste du temps, ils s'entendent généralement bien. Dans la nature, les jeunes mâles célibataires vivent en troupeaux comme ce groupe de Connemaras au sein duquel semble clairement régner une bonne entente. Chez les chevaux domestiques, cela dépend en fait beaucoup de la qualité du dressage.

Des capacités d'apprentissage

Cet étalon Lusitanien gris effectue le pas espagnol, levant les antérieurs haut au-dessus du sol. Les chevaux sont capables d'apprendre de telles pratiques assez rapidement et, comme tous les cavaliers le savent, ils ont aussi une excellente mémoire des lieux et des routes souvent empruntées.

Comportement déviants

Un cheval peut malheureusement développer de mauvaises habitudes aussi bien que des bonnes, comme par exemple, le tic rongeur. Le cheval dit tiqueur saisit entre ses dents une barrière ou tout montant à sa portée et tire dessus tout en aspirant de l'air. Ce genre de vices peut être dû à l'ennui, au manque d'exercice ou à l'absence de contacts avec des congénères.

De bons compagnons

Les chevaux sont des animaux aux instincts sociaux très développés. Ils ont besoin de compagnie, l'idéal étant celle d'autres chevaux avec lesquels ils pourront créer des liens et s'adonner aux plaisirs de la toilette mutuelle. Mais ils peuvent aussi se lier avec d'autres animaux tels que des chèvres, des ânes et même des moutons.

L'histoire de Chetak

Le cheval qui donna sa vie pour sauver son maître

La bataille avait atteint un tournant. L'air était empli du grondement assourdissant de la guerre – les hénissements des chevaux, le piétinement des éléphants, le sifflement des lances à travers les airs et les cris d'agonie des hommes tombés au combat. Les armes éparpillées gisaient au milieu des corps sur un sol détrempé de boue et de sang.

La scène se déroule en 1576 dans le nord-ouest de l'Inde. Les Rajputs, en grande infériorité numérique, sont engagés dans la bataille d'Haldighati contre les forces d'Akbar, l'empereur moghol. Les hommes ont quasiment perdu tout espoir lorsqu'ils voient soudain leur chef Maharana Pratap fondre dans la bataille au grand galop sur son cheval de guerre Chetak, un magnifique Marwari à la robe blanche, lustrée, avec des reflets bleutés. Mais la tête élégante de l'animal est cachée par un masque à longue trompe qui lui donne des allures de petit éléphant.

Chetak charge à travers les rangs ennemis jusqu'à ce qu'il atteigne le général Man Singh, majestueusement juché sur un énorme éléphant. Trompé par le déguisement de Chetak, le pachyderme hésite. Alors, sur un cri de son maître, le cheval rejette sa tête en arrière et se cabre, ses sabots antérieurs en appui sur la tête de l'éléphant. Pratap projette sa lance mais Man Singh l'évite et celle-ci vient frapper le conducteur de l'éléphant.

Soudain privé de son cornac, l'énorme animal panique et tente de s'échapper. Mais, comme tout éléphant de combat, il porte, fixé au bout de la trompe, un sabre qui cingle l'air et qui vient frapper l'un des membres de Chetak. Avec un cri d'agonie, le cheval vacille et bat en retraite au grand galop.

La blessure de Chetak est profonde, mais le cheval continue de courir, emportant son cavalier loin de la fureur du combat. Finalement, affaibli par tout le sang qu'il a perdu mais sachant son maître maintenant à l'abri, l'animal s'effondre près d'une rivière et meurt. Un monument, dressé près du cours d'eau, en ce lieu aujourd'hui paisible, perpétue de nos jours la mémoire du sacrifice de Chetak.

Le courageux Chetak meurt en sachant qu'il a sauvé son maître.

Le masque éléphantesque

Les Rajputs, habitants du Rajasthan, déguisaient souvent leurs chevaux Marwari de trompes comme celle-ci, sachant que les éléphants de l'ennemi n'attaqueraient pas ce qui ressemblait à l'un de leurs petits. Ils dressaient aussi leurs montures à se cabrer assez haut pour leur permettre d'atteindre les hommes juchés sur les pachydermes.

Le Marwari

Créés par les Rajputs, les chevaux de race Marwari ont été élevés et dressés pour être résistants, intelligents et extraordinairement braves au combat. Leurs oreilles mobiles, à la courbure distinctive, comme celles de la race Kathiawari, leur procurent une ouïe très fine et des capacités de réactions très vives face au danger.

L'Haflinger

Originaire de la région montagneuse autour du village de Hafling, dans le Tyrol autrichien, cette race ancienne semble être issue d'un croisement de poneys de montagne locaux avec l'Arabe. Un surcroît de sang arabe fut introduit au XIXe siècle pour créer un poney qui combine l'élégance avec la force, la sûreté de pied et l'endurance. Depuis, la race est restée pure au point que l'on n'y constate que très peu de variations, avec presque toujours les mêmes robes caractéristiques.

Un montagnard

La robuste constitution de l'Haflinger en fait un poney d'attelage idéal pour travailler sur les terrains et sous les climats rudes des hautes montagnes. Mais il fait aussi une excellente monture au tempérament calme et docile, parfaite pour les jeunes cavaliers inexpérimentés.

Haflinger

Quatre des cinq principales lignées d'Haflinger remontent à un étalon Arabe du XIXe siècle nommé El Bedavi XXII.

Taille au garrot : 1,33 m à 1,44 m
Robe : alezan crins lavés (crinière et queue très claires)

Races similaires

Avelignese

Étroitement apparentée à l'Haflinger, dont elle constitue la branche italienne, et d'aspect très similaire, c'est une race puissante, polyvalente, au pied très sûr.

Taille au garrot : jusqu'à 1,45 m
Robe : alezan crins lavés (crinière et queue très claires)

Pindos

Développé sous le climat sec et exigeant du centre de la Grèce, ce poney de montagne est exceptionnellement résistant et peut survivre avec très peu de nourriture.

Taille au garrot : jusqu'à 1,32 m
Robes : bai, noir, bai brun ou gris foncé

Les chevaux de fiction

Black Beauty
Dans ce roman d'Anna Sewell, Black Beauty, le cheval héros fait son « autobiographie », racontant les joies et les peines de sa vie et celles des autres chevaux dans l'Angleterre victorienne. L'un des buts de l'ouvrage était de prendre la défense des droits des animaux en dénonçant les traitements cruels endurés quotidiennement par de nombreux chevaux.

Les chevaux apparaissent dans de nombreux ouvrages de fiction. Ils ne sont souvent qu'accessoires à l'action humaine, l'un d'eux figurant parfois comme le fidèle compagnon du héros de l'histoire. Dans quelques cas, toutefois, le cheval lui-même est le personnage principal, un héros à part entière faisant entendre sa propre voix. La tradition est ancienne, mais la première tentative sérieuse de traduction des pensées d'un cheval apparaît dans le roman *Black Beauty*, écrit en 1877. Depuis, les chevaux figurent souvent comme les personnages clés de nombreux romans, et certains ont été portés à l'écran dans des films ou séries télévisées devenus célèbres.

Cheval de guerre
Ce roman écrit en 1982 par Michael Morpurgo raconte l'histoire de Joey, un cheval anglais réquisitionné pour la guerre en France durant le premier conflit mondial, ce qui fut le lot de nombreux chevaux de cette époque. Joey est très vite pris dans les horreurs des combats vécus dans les deux camps, mais il est sauvé par son jeune et premier propriétaire, qui s'engage dans l'armée pour le retrouver. La photo ci-contre montre l'un des étonnants chevaux mécaniques utilisés lors d'une adaptation du roman à la scène.

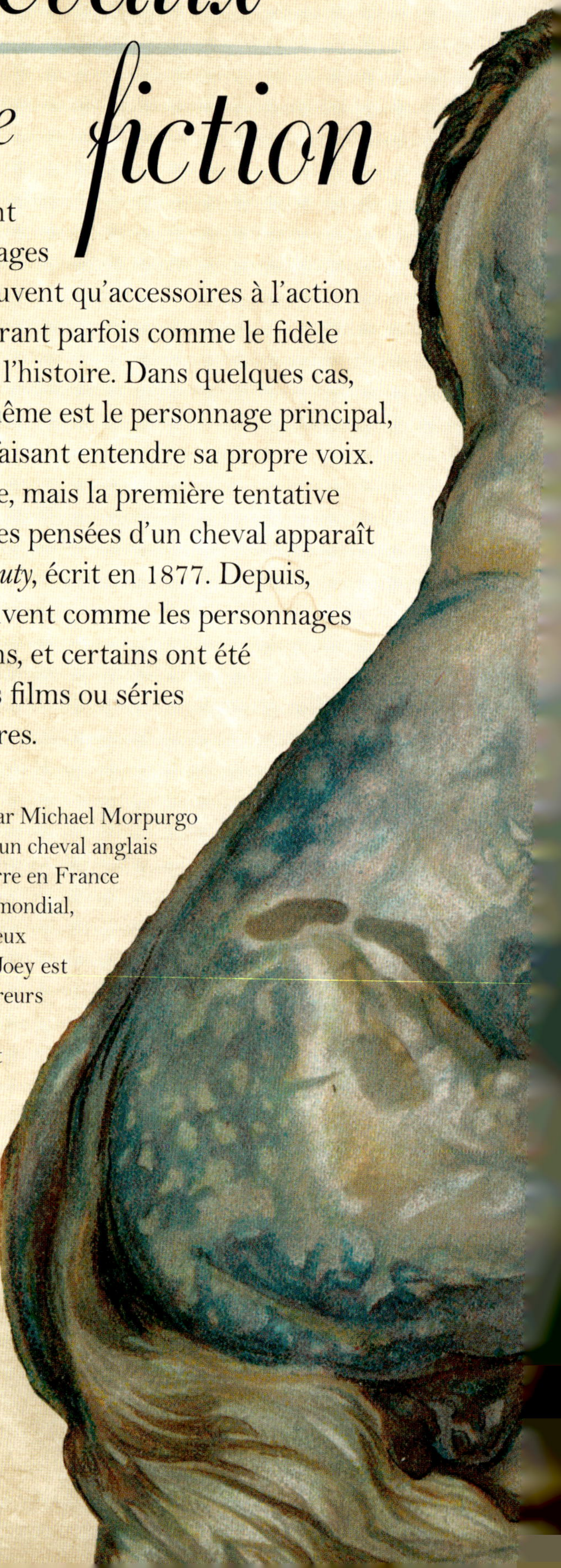

National Velvet

Publié en 1935, le roman *National Velvet* d'Enid Bagnold raconte l'histoire d'un cheval baptisé The Pie (Espoir, dans l'adaptation française), gagné dans une foire de village par une jeune fille de 14 ans nommée Velvet Brown. Celle-ci va entraîner le cheval en vue de remporter avec lui le prestigieux Grand National britannique. En 1944, l'adaptation cinématographique du livre, dont le titre français sera *Le Grand National*, fera de l'actrice Elizabeth Taylor une vedette, alors âgée de 12 ans seulement.

Un Houyhnhnm en pleine discussion avec Gulliver

L'Étalon noir

Cette scène d'un film de 1979 est inspirée du premier d'une série de livres pour les enfants écrits par Walter Farley entre 1941 et 1989. Un étalon survit à un naufrage sur une île déserte en compagnie d'un adolescent nommé Alec Ramsay. Tous deux vont devenir d'inséparables compagnons et vivront par la suite de nombreuses aventures palpitantes.

Les voyages de Gulliver

En 1726, Jonathan Swift publia son roman satirique *Les Voyages de Gulliver*. Vers la fin de l'ouvrage, Gulliver fait la rencontre d'une race de chevaux extrêmement intelligents nommée les Houyhnhnms, qui côtoient une peuplade quasi-humaine mais sauvage, les Yahoos. Les Houyhnhnms sont civilisés et rationnels tandis que les Yahoos sont brutaux et stupides. À son retour, Gulliver réalisera qu'il préfère la compagnie des chevaux et passera le plus clair de son temps dans les écuries.

Le Fjord

Avec sa robe louvette, sa raie dorsale noire (raie de mulet) et son épaisse crinière de poils raides à deux tons, le poney Fjord apparaît clairement comme une race très primitive, étroitement apparentée aux chevaux archaïques des steppes asiatiques. Domestiqué depuis des siècles en Norvège, c'est le cheval qu'utilisaient les Vikings tant sous la selle que pour le trait, et il fut probablement le premier équidé utilisé pour labourer la terre. Très robuste, infatigable, il est, en dépit de son apparence rustique, d'une nature docile.

Sa crinière dressée présente une bande centrale noire, mise en valeur par une taille plus courte des crins clairs.

Races similaires

Islandais

Mélange de Fjord et de sang celtique, le cheval Islandais est bien connu pour son allure particulière, rapide et confortable appelé *tolt* et son instinct à retrouver le chemin de la maison.

Taille au garrot : 1,22 m à 1,42 m
Robes : toutes couleurs

Gotland

Race ancienne de l'île suédoise de Gotland, ce poney résistant est un trotteur rapide, souvent utilisé pour la course.

Taille au garrot : 1,11 m à 1,32 m
Robes : toutes couleurs unies

Résistant et volontaire

Pour s'être développé et avoir survécu sous le climat hivernal de la Norvège depuis au moins un millénaire, le poney Fjord est très résistant. Il est employé comme cheval à tout faire sous la selle et le trait à travers toute la Scandinavie et ses qualités de force et de volonté l'ont rendu très populaire dans de nombreuses autres régions du monde.

Fjord

Au sein de la race, les individus présentent très peu de variations, ce qui indique qu'ils ont subi très peu d'influence d'autres races.

Taille au garrot : 1,32 m à 1,44 m
Robe : louvet avec raie de mulet

Les chevaux de travail

Les chevaux peuvent être rapides et élégants, mais ils sont aussi extrêmement forts. Correctement harnachés, ils sont capables de tirer des charges étonnamment lourdes, à tel point que nous mesurons encore de nos jours la puissance de nos moteurs en « chevaux ». Avant le développement du cheval-vapeur, les chevaux de travail étaient des auxiliaires essentiels à la vie quotidienne de l'homme, et ils restent aujourd'hui la solution idéale pour assurer certaines tâches.

Les chevaux de trait

Les chevaux furent utilisés pour tracter bien avant que l'homme n'apprenne à les monter. Le système le plus simple consiste à sangler une charge sur le dos du cheval, mais celui-ci peut déplacer beaucoup plus de poids s'il est attelé à un véhicule. Disposer d'un bon harnais est essentiel, toutefois son type varie selon la tâche à accomplir. La force est évidemment un atout, notamment pour les travaux lourds, et le cheval de trait type doit être un sang froid musclé au tempérament égal, élevé pour déplacer de lourdes charges.

Les chevaux de bât

Les premiers équidés domestiqués furent probablement utilisés comme chevaux de bât. Ceux-ci ont l'avantage de pouvoir négocier à peu près tous les types de terrains, rocheux, boueux ou marécageux, de sorte qu'ils n'ont pas besoin de chemin tracé. Ils sont souvent reliés en « trains », tels ces chevaux et mules transportant du bois en Équateur.

En attelage

Le trait nécessite des harnais spéciaux. Au début, on utilisa le principe du collier de cou qui servait aussi aux bœufs, mais celui-ci gênait la respiration du cheval. Il fut supplanté par le harnais à bricole – toujours en usage pour les travaux légers – puis par le collier d'épaule matelassé. Cette troïka russe utilise les deux, le collier se trouvant sur le cheval central, les autres portant une bricole de poitrail.

La force à l'état brut

La force de traction de ces deux Clydesdales est captée au moyen du collier d'épaule, développé au début du Moyen Âge. La charge portant sur les épaules de l'animal, celui-ci peut tirer de toutes ses forces sans que cela gêne sa respiration. Les chaînes rattachées aux attelles métalliques du collier transfèrent à la voiture la force de traction.

Sur les chemins de halage

Au XVIIIe siècle, le développement des réseaux de canaux entraîna un important accroissement de l'emploi des chevaux de trait. Un seul animal attaché à une embarcation peut tirer un poids beaucoup plus grand que lorsqu'il est attelé à une voiture. Ainsi, ce cheval de halage en Allemagne, quoique n'étant pas d'une race de trait lourd et ne portant qu'un harnais à bricole, n'éprouve-t-il aucune difficulté à tracter une très lourde péniche.

Sur des rails métalliques

Les premières voies ferrées avaient été conçues pour utiliser les chevaux comme force de traction car, de même que sur les canaux, les rails permettaient à ces animaux de déplacer des poids beaucoup plus lourds. La traction hippomobile a été conservée dans les chemins de fer par certains tramways urbains comme celui de l'île de Man, photographié ici dans les années 1930 mais toujours en service aujourd'hui.

Plaque d'attelage en laiton

Le Shire

Cette race magnifique compte les chevaux les plus grands et les plus puissants du monde. Originaires des Midlands britanniques, ils furent tout naturellement employés pour leur force colossale dans les champs et sur les routes à travers toute la Grande-Bretagne au cours du XIXe et au début du XXe siècles. Dans les années 1950, leur nombre a chuté dramatiquement mais leur aspect impressionnant et leur tempérament doux ont suscité un regain d'intérêt. La race est aujourd'hui largement présente dans les exhibitions et les démonstrations de chevaux lourds.

Pour les durs labeurs

Tirer une charrue à travers un sol lourd est l'une des tâches les plus éprouvantes pour un cheval de ferme, mais avec son énorme puissance de traction, le Shire est tout indiqué pour un tel travail. Du fait de sa nature docile, même en attelage à deux, il reste facile à conduire en dépit de sa taille. Les longs fanons du bas de ses membres peuvent toutefois poser un problème en se chargeant de boue.

Shire

La race détient le record du monde du plus grand cheval. Au XIXe siècle, un individu aurait été mesuré à 2,15 m au garrot.

Taille au garrot : typiquement plus de 1,72 m
Robes : bai, bai-brun, gris ou noir

Races similaires

Brabançon

Race restée pratiquement pure depuis des siècles, ce cheval de trait lourd belge est immensément puissant et très bien disposé.

Taille au garrot : 1,55 m à 1,72 m
Robes : surtout rouan et alezan

Clydesdale

Puissant, doté d'une longue foulée, le Clydesdale fut développé comme équivalent écossais du Shire, avec des qualités similaires.

Taille au garrot : 1,62 m à 1,83 m
Robes : bai, bai-brun ou gris, avec face blanche

Suffolk Punch

De construction massive, avec des membres courts et bien dessinés, cette race anglaise est idéalement conformée pour le travail de la terre.

Taille au garrot : 1,62 m à 164 m
Robe : alezan

Les chevaux agricoles

Parmi les premiers chevaux domestiqués, certains étaient probablement utilisés pour les travaux des champs et, jusqu'à une époque récente, le cheval resta la principale source d'énergie dans les fermes du monde entier. Il était souvent attelé à des charettes et tombereaux, mais les chevaux de trait lourd servaient aussi à labourer la terre, semer le grain et rentrer les récoltes. Les fermes modernes des pays développés sont aujourd'hui hautement mécanisées, mais le cheval de trait conserve quelques usages.

La force de la nature

Certains forestiers utilisent encore des chevaux pour le débardage du bois, c'est-à-dire pour tirer les troncs abattus hors des boisements à l'aide de chaînes reliées à un collier. Un cheval peut, en effet, manœuvrer facilement entre les arbres sur pied et atteindre des secteurs inaccessibles aux véhicules. En outre, contrairement aux roues des tracteurs, ses sabots ne creusent pas d'ornières dans le sol forestier et contribuent à sa préservation.

Un auxiliaire précieux

Les charrettes tirées par des chevaux sont encore largement utilisées dans les petites fermes qui ne peuvent se permettre l'achat d'un tracteur. Pour ce fermier roumain qui récolte son foin, le cheval représente une alternative non seulement moins coûteuse, mais également plus pratique. En effet, un cheval bien dressé peut se mettre en marche et s'arrêter au simple son de la voix sans avoir besoin d'être dirigé.

Un attelage de labour

Pendant des siècles, des attelages de bœufs furent utilisés pour labourer la terre. Mais lorsque le collier d'attelage fut inventé, les fermiers purent enfin tirer parti de toute la puissance et la maniabilité des chevaux. Ces derniers travaillent plus vite que les bœufs, et plus longtemps chaque jour. En effet, contrairement aux bovins, ils n'ont pas besoin de s'arrêter pour ruminer. Cet attelage effectue une démonstration dans le sud de l'Angleterre.

Les chevaux de manège

Les chevaux ne servaient pas seulement dans les champs. Ils pouvaient aussi être utilisés pour faire fonctionner des machines équipées d'un treuil à manège. Le cheval marchait en rond, actionnant un cabestan qui pouvait être relié à divers dispositifs. Il pouvait servir, par exemple, à tirer l'eau d'un puits ou à entraîner l'arbre de rotation d'une machine comme un moulin à grain.

À la démesure des champs américains

Au XIXe siècle, l'agriculture fut révolutionnée par l'apparition de nouvelles machines comme les semeuses et les moissonneuses mécaniques. Jusque dans les années 1920, la plupart de ces machines étaient tirées par des chevaux mais certaines – en particulier aux États-Unis – étaient si grosses qu'elles nécessitaient la puissance de nombreuses bêtes. Cette photo datant de 1910 montre une ancienne moissonneuse-batteuse tractée par 24 chevaux et mules.

Le Percheron

Célèbre pour sa remarquable vigueur, le Percheron est le résultat de siècles d'élevage dans la région française du Perche, en Normandie. Pour un cheval lourd, c'est un animal inhabituellement élégant, doté d'une action fluide et d'une grâce qui en font un cheval d'attelage très populaire. La race doit ses qualités aux infusions régulières de sang arabe qui ont permis d'apporter du raffinement à la force brute des chevaux de travail locaux. Des formes légères et lourdes sont élevées pour différentes fonctions.

La puissance et la grâce

Puissant et docile, le Percheron a toujours été un excellent cheval de ferme. Mais l'alliance entre force et élégance dont il fait montre le destine également à des usages plus prestigieux, et il est très demandé pour certains événements particuliers.

Percheron

Au XIXe siècle, des Percherons étaient utilisés pour tirer les lourds omnibus dans les rues de Paris.

Taille au garrot : 1,54 m à 1,72 m
Robes : gris ou noir ; alezan, bai ou rouan admis chez les très bons spécimens.

Races similaires

Ardennais

Avec ses origines anciennes dans la région limitrophe entre la France et la Belgique qui lui a valu son nom, l'Ardennais est extrêmement puissant et doté d'un pied très sûr.

Taille au garrot : 1,52 m à1,62 m
Robes : rouan, bai, gris ou alezan

Boulonnais

Des apports de sang arabe et andalou donnent à cette race du nord de la France un caractère plus aristocratique que la plupart des chevaux lourds.

Taille au garrot : 1,52 m à 1,72 m
Robes : essentiellement gris ; également bai et alezan

Les chars antiques

Les premiers véhicules tirés par des chevaux, il y a environ 5 000 ans, étaient de lourds chariots à roues pleines. En 2000 av. J.-C., le génie humain avait produit la roue à rayons, beaucoup plus légère. Cette invention conduisit au développement d'un petit véhicule léger et rapide à deux roues : le char. Pour l'époque, ce fut une révolution car cela se passait environ 1 000 ans avant que l'homme n'apprenne à monter à cheval. Soudain, il était possible de se déplacer rapidement et le char devint symbole de richesse et de prestige, ainsi qu'une redoutable arme de guerre. Finalement, les Romains eux-mêmes l'adoptèrent pour les courses.

Des engins rapides

Les premiers chars connus apparaissent au Kazakhstan il y a 4 000 ans, où des vestiges de leurs roues à rayons ont été retrouvés dans des sépultures. Mais ce petit véhicule rapide fut bientôt adopté par d'autres civilisations. Cette figurine en bronze représentant un char tiré par un seul cheval, a été fabriquée dans la Chine antique.

Les chars et la guerre

Le char de guerre apparut longtemps avant que quiconque n'ait songé à aller au combat juché sur le dos d'un cheval. Occupé généralement par un conducteur et un soldat, le véhicule chargeait l'ennemi pour semer la terreur dans ses rangs et le disperser, après quoi le soldat sautait à terre pour se battre à pied. Les chars servaient aussi à transporter des archers, comme le montre cette fresque représentant le pharaon Ramsès II à la bataille de Kadesh en 1274 av. J.-C. Cette dernière fut la plus grande bataille de chars de tous les temps, dans laquelle quelque 5 000 de ces véhicules furent engagés.

Les chevaux de Ramsès II conduisant la charge à la bataille de Kadesh

Les chars de course

Les Romains jugeaient le char sans intérêt pour la guerre. En revanche, ils le trouvaient idéal pour les jeux du cirque. À l'instar de nos sulkys modernes, un char de course n'était guère plus qu'une plate-forme légère montée sur une paire de roues, mais il pouvait être attelé à quatre chevaux. Le conducteur attachait les guides autour de sa taille afin d'utiliser son propre poids pour contrôler les chevaux et portait un poignard pour les sectionner et se libérer s'il était projeté hors du char.

Une journée aux courses

À Rome, le principal champ de course de chars était le Cirque Maxime, qui présentait une longue piste ovale pouvant recevoir jusqu'à 12 chars en même temps, tirés chacun par quatre chevaux de front. Pour distraire la foule, les conducteurs tentaient de provoquer des accidents, souvent fatals, chez leurs concurrents. Cette image, tirée du film *Ben Hur*, sorti en1959, donne une idée de ce à quoi ces événements pouvaient ressembler.

La conduite du bétail

Les chevaux sont utilisés pour rassembler et conduire les bovins depuis des siècles. Les plus célèbres des meneurs de bétail sont les cowboys de l'Ouest américain, dont les techniques forment la base du rodéo. La conduite montée reste très employée dans les pays aux grands espaces sauvages où les bêtes sont dispersées sur de trop vastes étendues pour pouvoir être rassemblées à pied, et les terrains trop accidentés pour permettre le passage des véhicules.

Les cowboys

L'équitation de travail avec le bétail a été perfectionnées au XIXe siècle par les cowboys américains. Ceux-ci étaient employés pour rassembler les énormes troupeaux dispersés sur d'immenses espaces non clôturés, les trier puis conduire les bêtes sélectionnées sur de très longues distances vers les villes où elles étaient vendues. Ces cowboys modernes (ci-dessus) utilisent aujourd'hui encore les mêmes méthodes que leurs aînés.

L’équitation western

L’équitation western dérive des traditions de l’équitation de travail espagnole utilisée au Mexique. Elle se pratique avec une selle rigide, large et profonde, munie d’étriers larges et chaussés longs. Le cheval est contrôlé avec des rênes ouvertes, par l’application de faibles pressions sur l’encolure. Le lasso fixé sur la selle de cette « cowgirl » sert à capturer le bétail.

Selle western traditionnelle

L’art du rodéo

Le *bronco riding* (monter un cheval qui rue) est l’une des nombreuses épreuves qui constituent le rodéo, qui se veut être une vitrine de l’ensemble des savoir-faire de l’équitation western. Certaines, comme le *calf roping* (capture de veaux au lasso) sont clairement inspirées des techniques employées sur le terrain par les cowboys. D’autres, comme le *bull riding* (monter un taureau à cru) et le *barrel racing* (une course de vitesse autour de tonneaux disposés en triangle) sont organisés strictement pour le sport.

Les gauchos des pampas

Dans les ranchs sud-américains, les cowboys sont appelés gauchos. Ceux-ci ont leurs traditions propres, tel l’emploi du bolas, une sorte de lasso à trois branches dont les extrémités sont lestées, et qu’ils lancent en le faisant tournoyer dans les jambes du bétail pour l’immobiliser. Mais les gauchos modernes comme celui que l’on voit ci-dessus, emploient des méthodes plus conventionnelles.

Le Quarter Horse

Race américaine la plus populaire, le Quarter Horse fut développé au XVIIIe siècle pour les courses sur un quart de mile que l'on pratiquait alors. Il fut obtenu par croisement entre des Mustangs d'ascendance ibérique et des chevaux anglais précurseurs du Pur-sang. Il en résulta un cheval capable d'accélérations exceptionnelles, mais également doté de force et d'agilité ainsi que d'un « sens du bétail » qui en fit la monture idéale pour le travail dans les ranchs ; un cheval véritablement polyvalent !

Une monture de rodéo

Son intelligence, sa vitesse et son excellent équilibre font du Quarter Horse le cheval favori pour le travail avec le bétail. Ces qualités font de lui la monture de choix pour les compétitions d'équitation western telles que le *cutting*, le *calf roping*, ainsi que les épreuves de dressage appelées *reining* (voir p. 68-69).

Quarter Horse

Élevé pour la vitesse, le Quarter Horse est incroyablement rapide sur courte distance, capable de pointes à plus de 85 km/h.

Taille au garrot : 1,45 m à1,62 m
Robes : toutes couleurs unies

Races similaires

Criollo

Des chevaux féraux d'origine ibérique ont vécu à l'état sauvage pendant 300 ans dans les pampas argentines avant d'être domestiqués pour produire le robuste et agile Criollo.

Taille au garrot : 1,42 m à 1,52 m
Robes : essentiellement louvet ou gris souris, parfois avec raie de mulet

Australian Stock Horse

Fusion d'Anglo-Arabe, de Quarter Horse ainsi que de Percheron (entre autres), cette race polyvalente est utilisée pour le sport et le travail avec le bétail.

Taille au garrot : 1,44 m à 1,62 m
Robes : toutes couleurs unies

L'histoire de Mancha et Gato

Deux courageux chevaux qui emportèrent Aimé Tschiffely de Buenos Aires à Washington, DC

Ils ne payaient pourtant pas de mine, ces deux hongres miteux au sale caractère, à l'encolure courte et à la face ingrate, qui avaient vécu sauvages pendant 15 ans dans la pampa d'Argentine ! L'un était pie rouge, l'autre louvet. Mais en accomplissant un incroyable voyage de 16 000 km, ces chevaux sur lesquels personne n'aurait parié allaient faire preuve de la plus incroyable résistance.

Les deux animaux avaient été achetés en 1925 par Aimé Tschiffely, un aventurier suisse qui avait une idée en tête. Il voulait prouver que ces Criollos semi-sauvages avaient plus d'endurance et de vigueur que n'importe quelle autre race en entreprenant avec eux un voyage depuis l'Argentine jusqu'à la capitale des États-Unis. Il baptisa le pie rouge Mancha (« le tacheté ») et le louvet Gato (« le chat »), les sella tous deux et se mit en route. La plupart des gens le prirent pour un fou.

Un arbre sauve Gato de la chute.

Tschiffely dut tout de même connaître de grands moments de doute tandis qu'il taillait sa route à travers des marais traîtres, qu'il escaladait des reliefs vertigineux et traversait de terrifiants ravins sur des ponts branlants. Les deux chevaux, eux, ne se laissaient pas impressionner, même au bord de la catastrophe. Un jour, sur une piste à flanc de montagne dans les Andes péruviennes, Gato perdit pied et glissa vers le précipice. Il fut miraculeusement retenu par un arbre qui arrêta sa chute. Mancha, Tschiffely et un autre voyageur de passage parvinrent à hisser le cheval en lieu sûr sur la piste, et l'équipe reprit son chemin.

Souvent, ils ne rencontraient aucune route, ou bien les pistes avaient été emportées par des glissements de terrain. Un jour, en Équateur, Mancha ouvrait la route tandis que Tschiffely marchait derrière lorsqu'ils se trouvèrent face à un trou béant dans la piste effondrée à flanc de montagne. Mancha le franchit tout simplement d'un saut, de sorte que les autres n'eurent d'autre choix que d'en faire autant, en ignorant le vide qui s'ouvrait sur la vallée, très loin en dessous.

La progression devint plus facile lorsque le trio bifurqua vers le nord-est à travers l'Amérique du Nord. Finalement, au terme de trois années de voyage, ils furent accueillis en héros à Washington, capitale des États-Unis. Après leur exploit Mancha et Gato retournèrent en Argentine… par bateau.

Le Criollo

Les ancêtres de cette race étaient des chevaux ibériques ayant reçu du sang arabe et barbe, qui avaient été amenés à Buenos Aires dans les années 1530. Lorsque la ville fut détruite en 1541, ces chevaux s'échappèrent. Ils survécurent à l'état sauvage et les générations suivantes donnèrent naissance à une race étonnamment résistante, le Criollo.

La selle du gaucho

Tschiffely utilisa la selle traditionnelle des gauchos, les cowboys des pampas sud-américaines. Avec sa structure légère et sa couverture en peau de mouton, elle était idéale pour les longues heures de selle et constituait un confortable oreiller pour la nuit. Tschiffely emporta aussi une selle de bât, qu'il faisait porter alternativement à chacun des deux chevaux tout au long de sa longue traversée.

Les chevaux de spectacle

Depuis des siècles, certains chevaux sont élevés dans le but d'améliorer leur conformation et leurs qualités physiques, et dressés pour les arts équestres. Regarder l'un d'eux en action, c'est comme contempler un danseur sur scène. Autrefois, ils étaient également utilisés à la guerre et comme symboles de richesse et de puissance.

La conformation

La conformation d'un cheval est sa morphologie, qui est en grande partie définie par la structure de son squelette. Certains traits de conformation s'appliquent à tous les chevaux, mais d'autres sont plus spécifiques. Un cheval peut présenter une bonne conformation pour un type d'emploi, comme la course, par exemple, et une mauvaise pour un autre, comme le trait lourd. Toutes les races ayant été développées pour une fonction particulière et spécifique, chacune possède une conformation idéale, ou standard de race.

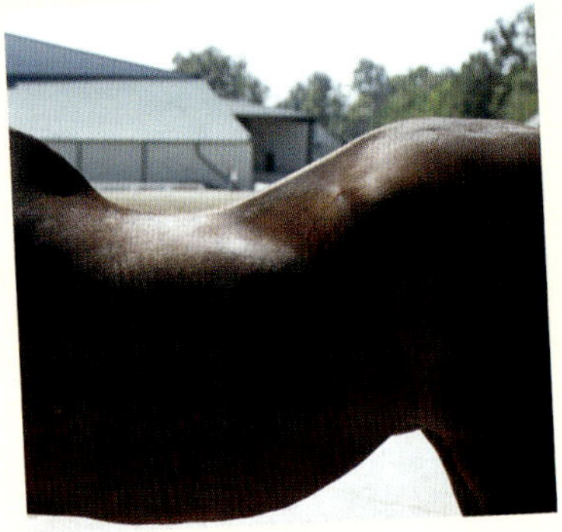

Un dos « ensellé », c'est-à-dire trop creux, est un défaut de conformation se rencontrant généralement chez les chevaux âgés, mais qui peut aussi apparaître chez les plus jeunes, notamment si on les a trop fait travailler.

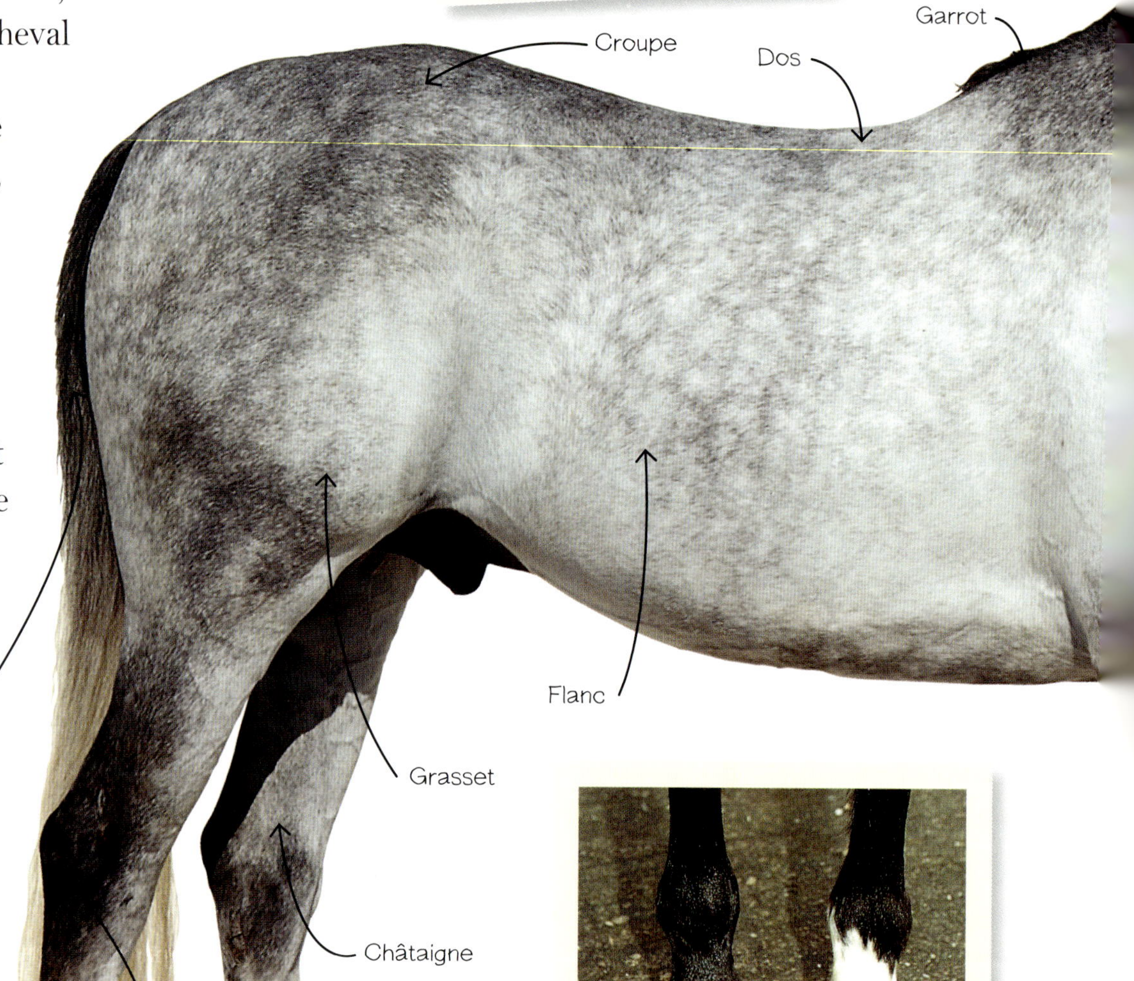

Une parfaite conformation

Cet étalon arabe nous montre différents points de conformation, c'est-à-dire les parties de son corps et le nom qu'on leur donne. Cet individu présente la conformation parfaite recherchée pour sa race, avec une tête petite et fine au profil concave, une encolure arquée, des épaules puissantes, un poitrail profond, une arrière-main large et des membres fins et secs. Certains traits, comme le profil concave de la tête, sont spécifiques à la race arabe.

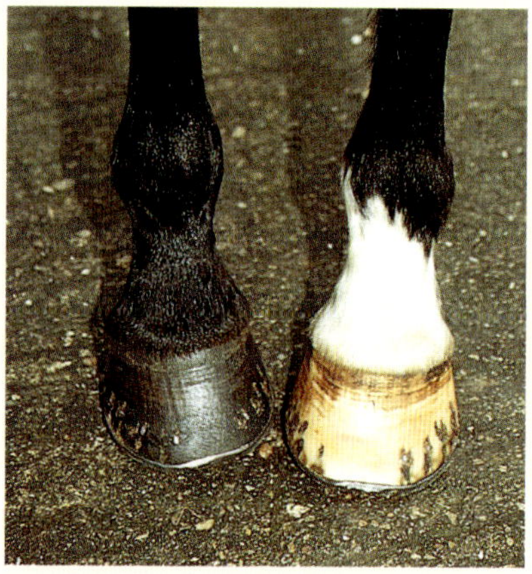

Un cheval aux pieds cagneux présente des sabots tournés vers l'intérieur. Ce défaut de conformation entraîne des tensions dans la partie inférieure des membres.

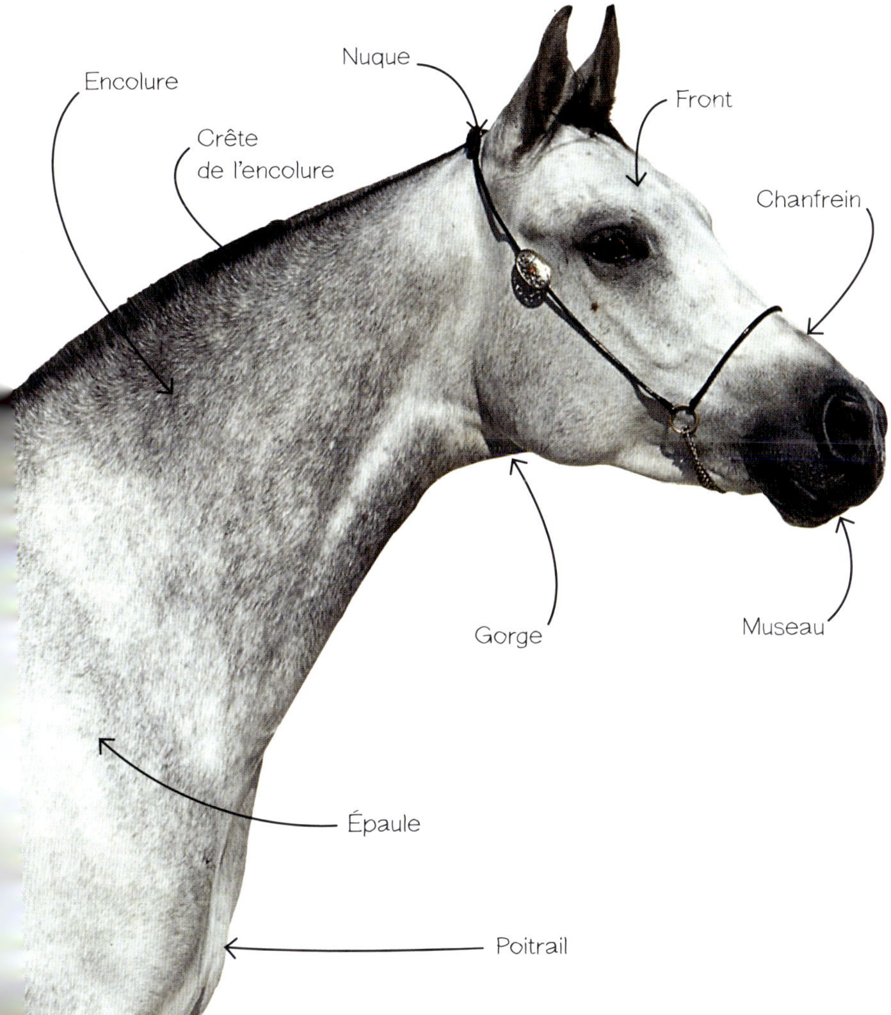

Certains défauts de conformation comme ce billardage n'apparaissent que sur le cheval en mouvement. Un cheval billarde lorsque ses antérieurs décrivent un cercle vers l'extérieur, en particulier au trot.

La taille

La taille d'un cheval se mesure depuis le sol jusqu'au sommet du garrot. La toise utilisée est graduée en mètres et en centimètres ou bien, dans les pays anglo-saxons, en mains (hh) et en pouces (in.). La longueur de la main, basée sur la largeur d'une main d'homme, vaut 10,16 cm, soit quatre pouces, et, dans cette notation, une fraction de main est donnée en pouces : *15.3hh* signifie «quinze mains et trois pouces».

La condition d'un cheval

Une mauvaise conformation n'est pas la même chose qu'une mauvaise condition. Un cheval peut présenter une excellente conformation, mais s'il souffre d'un manque d'exercice, d'un régime alimentaire pauvre ou d'un problème de santé, il risque d'être en mauvaise condition. L'âge est un facteur qui influe sur la condition : ce hongre arabe de 30 ans a probablement été un magnifique animal dans sa jeunesse.

Le Pure race espagnol

Le Pure race espagnol, appelé Andalou quand il n'est pas inscrit au stud-book, est l'une des plus anciennes et des plus célèbres races ibériques, descendant des chevaux indigènes d'Andalousie, dans le sud de l'Espagne, avec un peu de sang arabe ou barbe introduit au Moyen Âge lors des invasions arabes. Race pure en Andalousie depuis des siècles, ce cheval athlétique et plein d'éclat a lui-même contribué à de nombreuses autres races, parmi lesquelles le Lipizzan et le Lusitanien. Les Espagnols l'ont aussi exporté vers les Amériques, où son influence est visible chez le Criollo, le Quarter Horse et l'Appaloosa.

De haute école

Le Pure race espagnol a une action longue, relevée et spectaculaire qui en fait une race favorite des spectacles de dressage classique de haute école. Cette tradition est entretenue par l'École royale andalouse des Arts équestres de la ville de Xérès, près de Cadix.

Pure race espagnol (PRE)

La race avait presque disparu au début du XIXe siècle, mais elle survécut au monastère de la Cartuja, près de Séville.

Taille au garrot : 1,52 m à 1,62 m
Robes : gris, bai, noir, isabelle et alezan

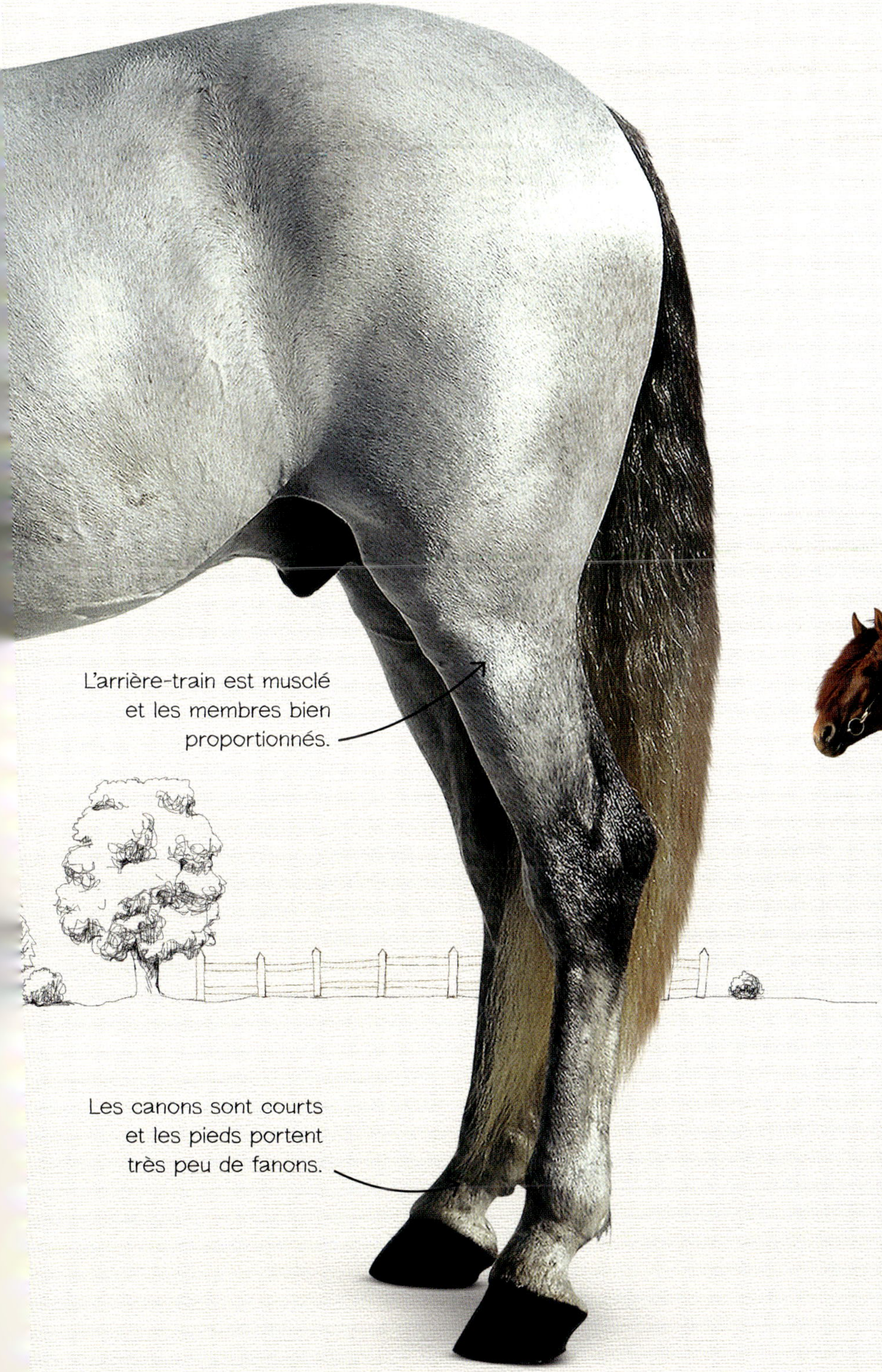

Races similaires

Pure race lusitanien

Proche cousine du Pure race espagnol, cette race portugaise possède beaucoup de force et d'élégance, ainsi qu'une nature brave et douce.

Taille au garrot : 1,53 m à 1,63 m
Robes : louvet, gris, bai et alezan

Paso Fino

Développé à Porto Rico au XVIe siècle, cette race de type ibérique est réputée pour ses allures à quatre temps fluides et confortables.

Taille au garrot : 1,42 m à 1,54 m
Robes : toutes couleurs

Noir

Bai-brun

Bai

Alezan brûlé

Alezan

Palomino

Louvet

Gris pommelé

Gris

Aubère

Pie noir

Tacheté

Étoile

Liste incomplète entre les naseaux

Robes et marques

Un cheval est souvent décrit par sa robe. Il peut s'agir d'une jument alezan, par exemple, ou d'un étalon noir. Nombre de couleurs, comme le rouan et le louvet, sont spécifiques aux chevaux, et même le mot « gris » prend un sens particulier lorsqu'on l'applique à un cheval (voir p. 102). Certains termes, comme « bai », indiquent que la crinière, la queue et le bas des membres – appelés les « extrémités » – sont d'une couleur contrastée. Un cheval peut aussi présenter des marques blanches sur la tête et les membres.

Les robes

Les principales robes naturelles de chevaux sont le bai, l'alezan, le gris et le louvet, mais celles-ci peuvent présenter diverses variantes. Il en existe beaucoup d'autres, allant du noir uni au cremello, qui est un blanc crème. Les douze robes présentées ci-contre sont parmi les plus communes.

Étoile en tête prolongée par liste étroite

Très fortement en tête prolongé par liste large, et ladre

Belle face, ladre au bout du nez

Les marques de la tête

Comme pour les balzanes, ces marques sont toujours blanches. On leur donne des noms spécifiques selon leur position sur la tête et leur forme. Certaines peuvent être décrites plus en détail comme, par exemple, triangle en tête ou liste interrompue. Un ladre est une zone dépigmentée située principalement au niveau du museau. Des marques très étendues peuvent parfois disqualifier un cheval pour son enregistrement au stud-book (ou livre des origines).

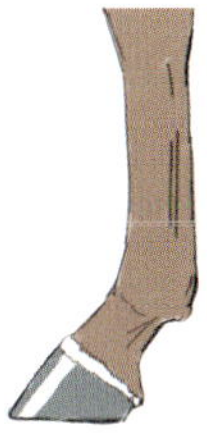

Principe de balzane

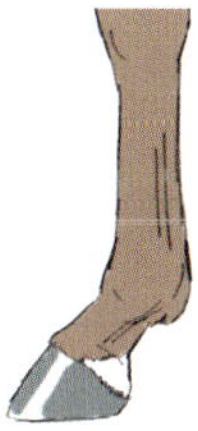

Trace de balzane

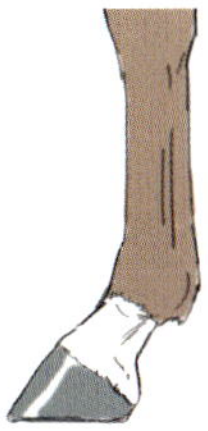

Petite balzane

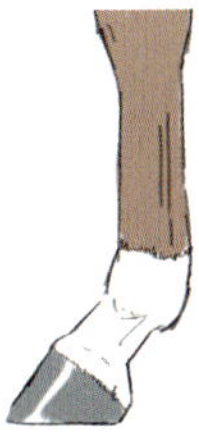

Balzane mi-chaussée

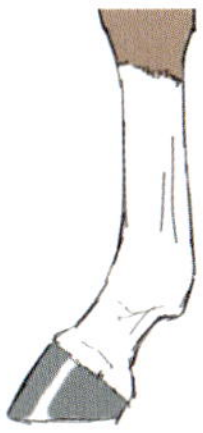

Balzane chaussée

Yeux vairon

Les balzanes

Les chevaux peuvent présenter, en bas des membres, des marques toujours blanches appelées balzanes. Même ceux à robe baie ou louvette, aux membres typiquement foncés, peuvent en porter. Il en existe diverses variantes, allant d'une étroite couronne au-dessus du sabot à une longue chaussette pouvant dépasser le genou.

Stries sur les membres

D'autres marques

Certains chevaux ont les yeux vairon, avec l'iris bleu plus ou moins pâle au lieu de brun. D'autres présentent des marques distinctives comme une raie de mulet sur le milieu du dos ou des rayures sur les membres, qui indiquent une origine ancienne. Quelques races comme l'Appaloosa peuvent également porter des stries verticales sur les sabots.

L'Appaloosa

Réputé pour sa robe tachetée distinctive, l'Appaloosa fut développé au milieu du XVIIIe siècle par les Nez-Percés, une tribu indienne du nord-ouest des États-Unis. Ceux-ci sélectionnèrent des chevaux tachetés de grande qualité à partir des chevaux ibériques importés par les conquistadors. Battus en 1877 lors des Guerres indiennes, les Nez-Percés et leurs chevaux furent dispersés. La race commença à décliner mais elle survécut grâce à la ténacité de quelques éleveurs et fut améliorée par l'injection de sang d'Arabe, de Pur-sang et de Quarter Horse.

Tout en élégance
À l'origine, l'Appaloosa fut élevé pour sa vigueur et sa vitesse, ainsi que pour sa robe tachetée. Les qualités de la race furent affinées plus tard. Il possède une action fluide, libre et gracieuse qui en fait un excellent cheval de selle, et c'est aujourd'hui l'une des races américaines les plus populaires.

Appaloosa

Il existe huit robes appaloosa de base, mais les variations de couleurs et de motifs sont innombrables, allant du noir et blanc unis au totalement blanc avec des « taches lépoard ».

Taille au garrot : 1,42 m à 1,62 m
Robes : tachetées ou à deux tons

Races similaires

Poney des Amériques

Cette race récente fut développée dans les années 1950 à partir d'un croisement de Shetland et d'Appaloosa. C'est un poney docile, élégant et qui ne passe pas inaperçu.

Taille au garrot : 1,15 m à 1,35 m
Robes : motifs Appaloosa

Pinto

Défini par les motifs « peints » de sa robe plus que par sa conformation, le Pinto était très prisé des tribus indiennes d'Amérique.

Taille au garrot : très variable
Robes : mélange de taches de n'importe quelle couleur et de blanc

Knabstrup (ou Knabstrupper)

Issu d'une jument tachetée arrivée en 1808 au Danemark, cette race de type Appaloosa fait d'élégants et robustes chevaux de selle.

Taille au garrot : 1,54 m à 1,56 m
Robes : tacheté sur fond blanc ou rouanné

Les chevaux des Indiens d'Amérique

Bien que les premiers chevaux soient apparus en Amérique du Nord, ils en avaient totalement disparu après la dernière glaciation, vers 8 000 ans av. J.-C. Probablement victimes des changements climatiques, ils étaient également chassés par les ancêtres des Amérindiens, qui avaient colonisé le continent en partant de la Sibérie au moins 2 000 ans plus tôt. Ils étaient donc inconnus des tribus indigènes lorsqu'ils furent réintroduits beaucoup plus tard par les conquistadors. Mais à partir de cette époque, les Amérindiens comprirent très vite tout le parti qu'ils pouvaient en tirer.

Les chevaux espagnols

Les colons espagnols réintroduisirent le cheval en Amérique à partir du XVIe siècle. Il s'agissait principalement de chevaux ibériques, comme l'ancien Genet d'Espagne, mais certains avaient aussi du sang arabe et barbe. Lorsque le peuple Pueblo repoussa les Espagnols au Mexique en 1680, nombre de chevaux retournèrent à l'état sauvage, et des tribus comme les Pueblos, les Apaches et les Comanches commencèrent à les capturer, à les domestiquer et à les monter.

Les cavaliers des plaines

Les chevaux se répandirent lentement vers l'est, en direction des Grandes Plaines, où ils eurent un impact majeur sur les tribus nomades comme les Cheyennes. Ces derniers les montaient, s'en servaient pour tirer des traîneaux primitifs appelés travois, transporter des biens à échanger avec d'autres tribus, ainsi que pour la chasse et la guerre. Ces chevaux étaient souvent volés dans des ranchs au Mexique.

La bride indienne

Comparée au matériel élaboré utilisé par les Espagnols, la bride des Indiens d'Amérique était très simplifiée. Une longue corde était glissée dans la bouche du cheval, comme un mors, attachée autour de la mâchoire par un nœud coulant, puis revenait vers l'arrière sous forme de rennes. Elle devait être très efficace car ces guerriers montés étaient de redoutables combattants.

Rouans et Pintos

Les chevaux indiens étaient de toutes couleurs, mais chaque tribu avait ses favorites. Les Sioux préféraient les alezans et les rouans ; les chevaux Nokota, qui vivent libres aujourd'hui encore dans le Dakota du Nord et dont la robe est souvent gris fer (un type de rouan), ont beaucoup de sang des chevaux sioux. Ils appréciaient aussi les Pintos et les Appaloosas parce que les motifs uniques de chaque cheval les rendaient faciles à reconnaître par leur propriétaire parmi le troupeau de la tribu.

Les Indiens d'Amérique se servaient de leurs chevaux pour s'approcher à distance de tir des troupeaux de bisons qu'ils chassaient.

Les chevaux de chasse

Les chevaux les plus prisés étaient ceux spécialement dressés pour la chasse au bison. Il s'agissait d'une activité dangereuse et les femmes ornaient souvent les montures des chasseurs de motifs peints destinés à leur porter chance. Ces chevaux de chasse avaient tant de valeur qu'ils étaient conservés près des tipis durant la nuit, et non laissés avec le reste du troupeau où ils pouvaient tenter les voleurs.

Les allures

Un cheval utilise instinctivement ses membres de différentes manières pour varier sa vitesse en allant au pas, au trot, au petit ou au grand galop. Il s'agit de ses allures naturelles, que l'on rencontre chez tous les chevaux, sauvages aussi bien que domestiques. Mais un cheval peut aussi pratiquer des allures qui ne s'observent jamais chez ses semblables sauvages et qui sont généralement apprises lors du dressage. Ces allures spéciales sont souvent à peu près aussi rapides que le trot mais beaucoup plus fluides parce que l'animal adopte un mouvement à quatre temps plus régulier des membres. De ce fait, il est beaucoup plus confortable pour le cavalier, notamment sur de très longues distances.

Les allures spéciales

L'amble

Au lieu de lever les pieds antérieurs et postérieurs par paires diagonales, comme dans le trot, le cheval lève simultanément les deux pieds d'un même côté : c'est une allure latérale. Certains chevaux de course attelée sont des ambleurs naturels.

Les allures naturelles

Le pas

C'est la plus lente mais la plus stable et la plus confortable des allures naturelles. Il s'agit d'une allure symétrique à quatre temps dans laquelle chaque pied est levé et reposé en séquence. Le cheval avance les deux pieds d'un même côté avec un léger décalage, puis les deux pieds de l'autre côté, mais il a toujours deux ou trois pieds au sol.

Le trot

Au trot, le cheval saute d'une paire diagonale à l'autre dans un mouvement régulier à deux temps, n'ayant en même temps au sol que deux pieds diagonalement opposés. Entre les posers des pieds, pendant un bref instant, les quatre membres sont décollés du sol : c'est le temps de suspension. Le trot enlevé, plus confortable pour le cavalier, consiste à se soulever puis à se rasseoir dans la selle une battue sur deux.

Le *tølt*

Pratiquée essentiellement par le poney Islandais, le *tølt* est une allure marchée très rapide à quatre temps, avec une action plus relevée. C'est une allure fluide et très confortable pour le cavalier.

Le rack

C'est la spécialité du Selle américain : une allure latérale très régulière à quatre temps aussi rapide que le trot ou l'amble, mais plus fluide et plus spectaculaire.

Le running walk

Le Tennessee Walking Horse possède cette allure particulière, régulière et à quatre temps, qui a été décrite comme un trot des antérieurs associé à un pas des postérieurs.

Le galop

Dans cette allure à trois temps, le cheval lève un postérieur puis, simultanément, l'autre postérieur et l'antérieur diagonalement opposé, puis en dernier lieu, le deuxième antérieur. Cette action, commençant à l'arrière du corps du cheval pour se déplacer vers l'avant, provoque un mouvement de balancement. La séquence s'achève par le poser du dernier antérieur levé, qu'il s'agisse du droit ou du gauche, mais le cheval peut changer de côté en pleine course.

Le grand galop

C'est une allure similaire au galop, mais le cheval déplace un seul membre à la fois, générant un mouvement à quatre temps débutant à l'arrière du corps et s'achevant à l'avant, suivi d'un bref instant pendant lequel les quatre sabots sont décollés du sol : le temps de suspension. C'est l'allure la plus rapide mais aussi la plus fatigante : un cheval parvient à maintenir le grand galop seulement pendant environ huit minutes en moyenne.

Le Paso péruvien

Appelée aussi Peruvian Stepping Horse, cette race élégante dérive des chevaux ibériques apportés au Pérou dans les années 1530 par le conquistador Francisco Pizarro. Il combine du sang barbe et andalou avec une pointe de Genet d'Espagne, race qui a donné naissance aux chevaux espagnols modernes et connue pour son amble à quatre temps. Le Paso péruvien a hérité de cette allure latérale qui, en quatre siècles d'élevage sélectif, s'est raffinée en une allure unique en son genre, fluide et rapide, que le cheval est capable de maintenir sur de longues distances sur terrain accidenté.

Une allure spéciale

Le Paso péruvien ne trotte pas de façon conventionnelle : il lève chaque pied tour à tour dans un amble rompu, le pied postérieur gauche étant suivi par l'antérieur gauche, puis par le postérieur droit et l'antérieur droit. Par cette action, le cheval lance ses antérieurs dans un mouvement en arc de cercle qui absorbe l'impact du pied au sol et procure au cavalier des conditions très confortables.

Paso péruvien

L'allure typique et l'action de cette race sont toutes deux entièrement naturelles et transmises à toute sa descendance.

Taille au garrot : 1,42 m à 1,54 m
Robes : habituellement alezan ou bai

Races similaires

Selle américain

Cette race intelligente et polyvalente est souvent dressée pour produire des allures artificielles à quatre temps en plus de ses allures naturelles.

Taille au garrot : 1,53 m à 1,63 m
Robes : toutes couleurs unies

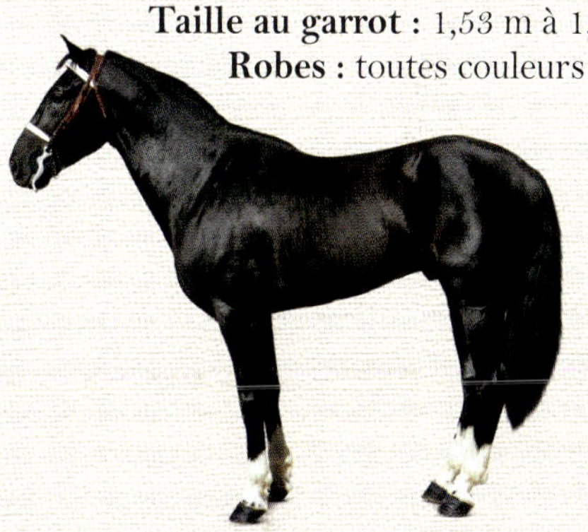

Missouri Fox Trotter

Comme le Paso péruvien, il a été développé pour couvrir rapidement de longues distances en marchant des antérieurs et trottant des postérieurs.

Taille au garrot : 1,43 m à 1,63 m
Robes : toutes

Tennessee Walking Horse

Connu pour ses trois allures inhabituelles mais naturelles, c'est à la fois une monture très confortable et un spectaculaire cheval de show.

Taille au garrot : 1,53 m à 1,63 m
Robes : alezan, noir, bai, rouan

Les attelages

Des siècles durant, les voitures hippomobiles restèrent le principal mode de transport sur roues dans le monde entier. Au cours du temps, elles adoptèrent toutes sortes de formes aux noms parfois extravagants : cabriolet, phaéton, coupé de ville, landau, fiacre, limousine, etc. La principale distinction se faisait entre les voitures à deux roues, qui étaient essentiellement des véhicules ouverts, et les modèles plus lourds à quatre roues, ouverts ou convertibles, tractés le plus souvent par des attelages de plusieurs chevaux.

Véhicules légers

Les voitures à deux roues, légères et maniables, sont généralement tirées par un seul cheval attelé entre deux brancards. La plupart sont montées sur ressorts et dotées d'une capote pliable pour assurer le confort des passagers. À l'avant, un panneau protège ces derniers des projections dues au cheval.

Royale opulence

Construit en 1762 pour le roi d'Angleterre George III et entièrement recouvert d'or, le Gold State Coach, carrosse de la monarchie britannique, est l'une des voitures hippomobiles les plus spectaculaires du monde. Il est si lourd qu'il faut un attelage de huit chevaux conduits par quatre cavaliers nommés postillons pour le tirer.

Sous le harnais

Les chevaux d'attelage sont souvent utilisés seuls mais peuvent aussi être attelés en paires, à quatre, ou même en tandem, comme ci-dessus. Pour le trait léger, la traction s'effectue par l'intermédiaire d'un harnais à bricole plutôt que d'un collier, et le timonier, le cheval le plus près de la voiture, est harnaché avec un appareil de reculement afin de pouvoir ralentir le véhicule.

Sur quatre roues

De nombreuses voitures à quatre roues, comme ce landau, avaient un habitacle protégé pour les passagers – par des capotes rabatables sur ce modèle – et un siège ouvert pour le cocher. Jadis, certains riches propriétaires les faisaient tirer par un attelage de quatre chevaux identiques, mais plus fréquemment par une paire, attelée à l'essieu avant qui était articulé pour mieux tourner. Les chevaux d'attelage suivaient un dressage particulier.

Le Hackney

Prisé pour son action relevée spectaculaire, le Hackney est un trotteur infatigable utilisé principalement pour l'attelage. Il a été développé en Angleterre aux XVIIIe et XIXe siècles par croisement de deux races plus anciennes de trotteurs : le Trotteur du Norfolk et le Trotteur du Yorkshire. Capable de maintenir un trot rapide sur de très longues distances, le Hackney a hérité du meilleur de ces deux ancêtres. Cependant, c'est surtout à sa fougue et à sa prestance, qui en font l'une des races favorites des exhibitions, qu'il doit sa survie.

Le Poney Hackney

Créé par croisement d'un étalon Hackney avec des ponettes Fell dans les années 1880, c'est un robuste mais élégant poney d'attelage. Son action est encore plus extravagante que celle de son grand cousin, l'animal relevant très haut les genoux pour produire un effet spectaculaire lorsqu'il trotte sous le harnais.

Hackney

Le nom Hackney dérive peut-être du mot français « haquenée », qui désignait jadis un cheval ambleur monté par les dames.

Taille au garrot : 1,42, m à 1,60 m (1,42 m maximum pour les poneys)
Robes : toutes robes unies

Races similaires

Morgan

Cette race américaine fondée dans les années 1790 à partir d'un unique étalon, combine la classe avec la force et la vigueur.

Taille au garrot : 1,43 m à 1,54 m
Robes : toutes couleurs unies

Oldenbourg

Développé à l'origine dans le nord-ouest de l'Allemagne pour en faire un grand et puissant cheval d'attelage, cette race a été adaptée par la suite à l'équitation.

Taille au garrot : 1,65 m à 1,75 m
Robes : bai, bai brun, noir ou gris

Trotteur d'Orlov

Cette élégante race russe, créée pour la course d'attelage à la fin du XVIIIe siècle, possède une grande endurance.

Taille au garrot : 1,55 m à 1,73 m
Robes : gris, noir ou bai

L'histoire du Pony Express

et de Sylph, la petite jument alezane qui ouvrit la piste

Sylph quittant St-Joseph dans un nuage de poussière

1860. En cette chaude soirée d'avril, les rues de St-Joseph, dans le Missouri, étaient remplies par la foule venue acclamer un jeune cavalier du nom de Johnny Fry, et Sylph, sa jolie jument alezane. Il y eut des discours et des applaudissements, puis on confia au jeune homme une sacoche en cuir remplie de lettres destinées à la ville de San Francisco, située à un demi-continent de là, vers l'ouest. À 19h15, un coup de feu retentit, et Sylph partit au galop pour la toute première course du Pony Express.

Heureusement pour Sylph, elle n'allait pas devoir franchir à elle seule les quelque 3 000 km à travers l'Ouest américain. Le Pony Express était un gigantesque service de relais impliquant 400 chevaux et 120 cavaliers. Ces derniers chevauchaient jour et nuit sur les pistes les plus rudes, transportant le précieux courrier entre 184 stations de relais postal, où ils pouvaient changer de chevaux et poursuivre leur route. Ils enduraient des chaleurs torrides et des froids glacials, subissaient les attaques des tribus indiennes hostiles… Quoi qu'il arrivât, le courrier devait passer!

Chaque cavalier devait couvrir au moins 130 km au trot rapide, ou au galop en cas de problème. Il avait besoin d'une monture fraîche tous les 20 km environ, laissant le cheval fatigué à la station relais pour qu'il se repose. Mais la piste était dangereuse et tout n'allait pas toujours pour le mieux. Un jour, le jeune William Cody, 16 ans – qui deviendrait célèbre plus tard sous le nom de Buffalo Bill –, échappa à un groupe d'Indiens armés qui le poursuivaient, pour trouver le personnel de la station relais suivante massacré et tous les chevaux volés. Il dut continuer son chemin sur le même cheval jusqu'à l'étape suivante, couvrant 40 km à une vitesse folle.

La piste du Pony Express s'arrêtait à Sacramento, en Californie ; au-delà, le courrier poursuivait sa route en bateau par voie fluviale jusqu'à San Francisco. Une lettre mettait 10 jours pour faire le voyage. Ce fut une extraordinaire entreprise, assurée par des hommes et des chevaux courageux. Mais elle ne dura que 18 mois car, en octobre 1861, des ingénieurs achevèrent l'installation d'un télégraphe électrique qui permettait désormais d'envoyer des messages à travers le continent en quelques minutes.

Sur l'ouest de son tracé, la piste traversait les montagnes Rocheuses et la Sierra Nevada.

Les tribus indiennes hostiles rendaient la route à travers les Grandes Plaines très dangereuse.

À l'est, la piste commençait là où s'arrêtait le chemin de fer.

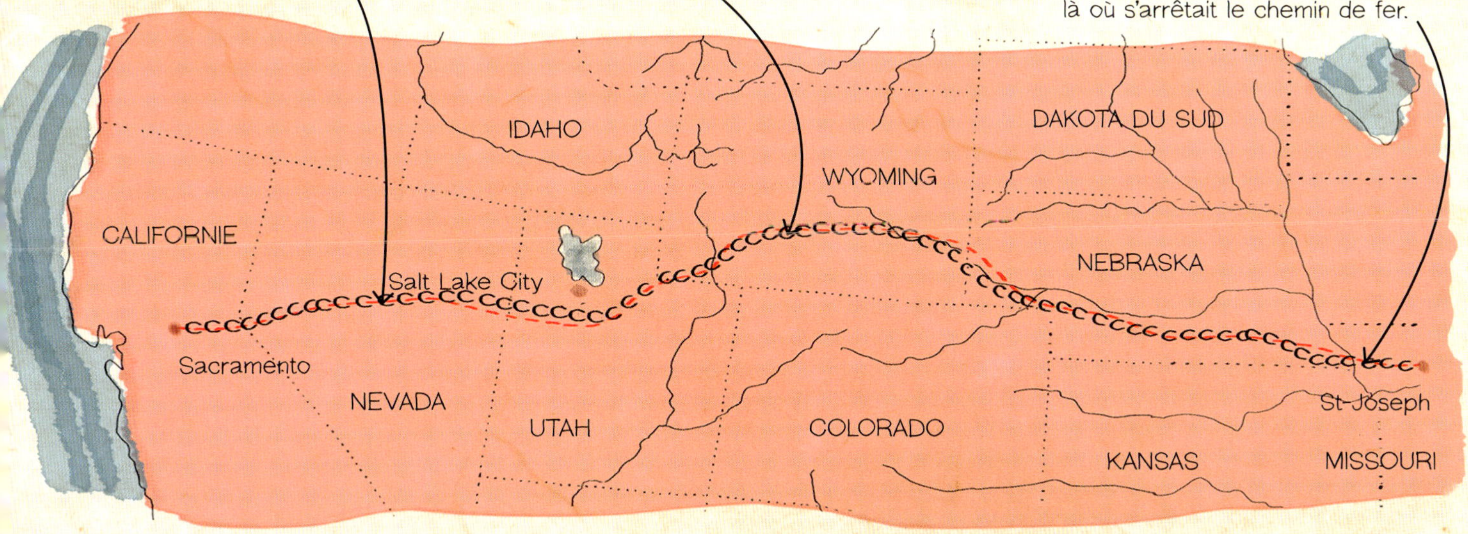

LA ROUTE DU PONY EXPRESS EN 1860

De jeunes cavaliers

Les cavaliers du Pony Express étaient très jeunes. Cette affiche de recrutement demande des « jeunes gars très minces, n'ayant pas plus de 18 ans, prêts à risquer quotidiennement leur vie, de préférence orphelins » ! Mais ils étaient très bien payés, gagnant 25 fois plus que le salaire moyen de l'époque.

Rapides et résistants

Les montures étaient de gros chevaux de cavalerie comme les Morgans dans l'est du tracé, et des Mustangs domestiqués dans sa partie ouest. Des poneys Pinto étaient souvent employés dans les étapes traversant les Grandes Plaines, ce qui tentait les Indiens car ils les appréciaient aussi et les volaient souvent.

Le cheval dans la guerre

Les chevaux furent employés au combat dès la fin de l'âge du bronze, il y a presque 3 000 ans, époque où les cavaliers Scythes lançaient des raids qui terrorisaient le monde antique. L'invention des étriers vers 500 av. J.-C. rendit la cavalerie plus efficace, et celle-ci resta une arme dévastatrice jusqu'à l'aube de la Première Guerre mondiale. Mais les troupes montées furent bientôt totalement dépassées par la mécanisation des armes de guerre. De nos jours, leur art se manifeste surtout lors de cérémonies et de parades.

Les cavaliers d'Hastings

En 1066, les Normands vainquirent les fantassins saxons à la bataille d'Hastings, essentiellement grâce à la puissance de leur cavalerie. Au cours des années 1070, cet événement fut retracé de manière saisissante dans la tapisserie de Bayeux, qui représente la cavalerie normande en pleine charge.

Des archers montés

Certains cavaliers étaient armés de sabres et de lances, mais d'autres portaient des arcs. L'art de l'archerie montée fut perfectionné par les samouraïs japonais. Il est perpétué de nos jours à travers un art martial appelé *yabusame*, dans lequel l'archer lancé au galop doit décocher des flèches sur trois cibles très rapprochées.

Lanciers et dragons

Aux XVIIIe et XIXe siècles, de nombreuses nations avaient des régiments de cavalerie composés de lanciers, qui se battaient avec des lances, et de dragons, armés de fusils courts. Comme beaucoup de soldats de cette époque, ils portaient de splendides uniformes aux couleurs souvent très vives conçus pour impressionner l'ennemi. Les chevaux de cavalerie typiques étaient des juments et des hongres d'un poids moyen toisant environ 1,50 m.

Sabre de cavalerie du XIXe siècle

Casque de cavalerie à plumet blanc

Manœuvres d'apparat

Au combat, la cavalerie utilisait des tactiques rigoureuses afin de maintenir le contrôle des chevaux sous le feu. Les animaux étaient formés à des manœuvres précises par un dressage permanent. Les brigades de cavalerie légère privilégiaient la vitesse et l'agilité, tandis que la cavalerie lourde, cuirassée, recherchait la puissance. Frappés aujourd'hui d'obsolescence au combat, certains régiments de cavalerie perdurent pour les besoins de l'apparat, comme ici les horse guards, en Grande-Bretagne, ou la Garde républicaine en France.

Le Bai de Cleveland

Voici l'une des plus anciennes races britanniques, dont l'histoire remonte au Moyen Âge. À l'origine développé pour le bât à Cleveland, dans le nord-est de l'Angleterre, il devint un cheval d'attelage populaire avant de sombrer dans le déclin dans la première moitié du XXe siècle. Il s'est très bien rétabli depuis, en grande partie grâce à l'action menée en sa faveur par la famille royale britannique, et il est très utilisé de nos jours pour améliorer d'autres races.

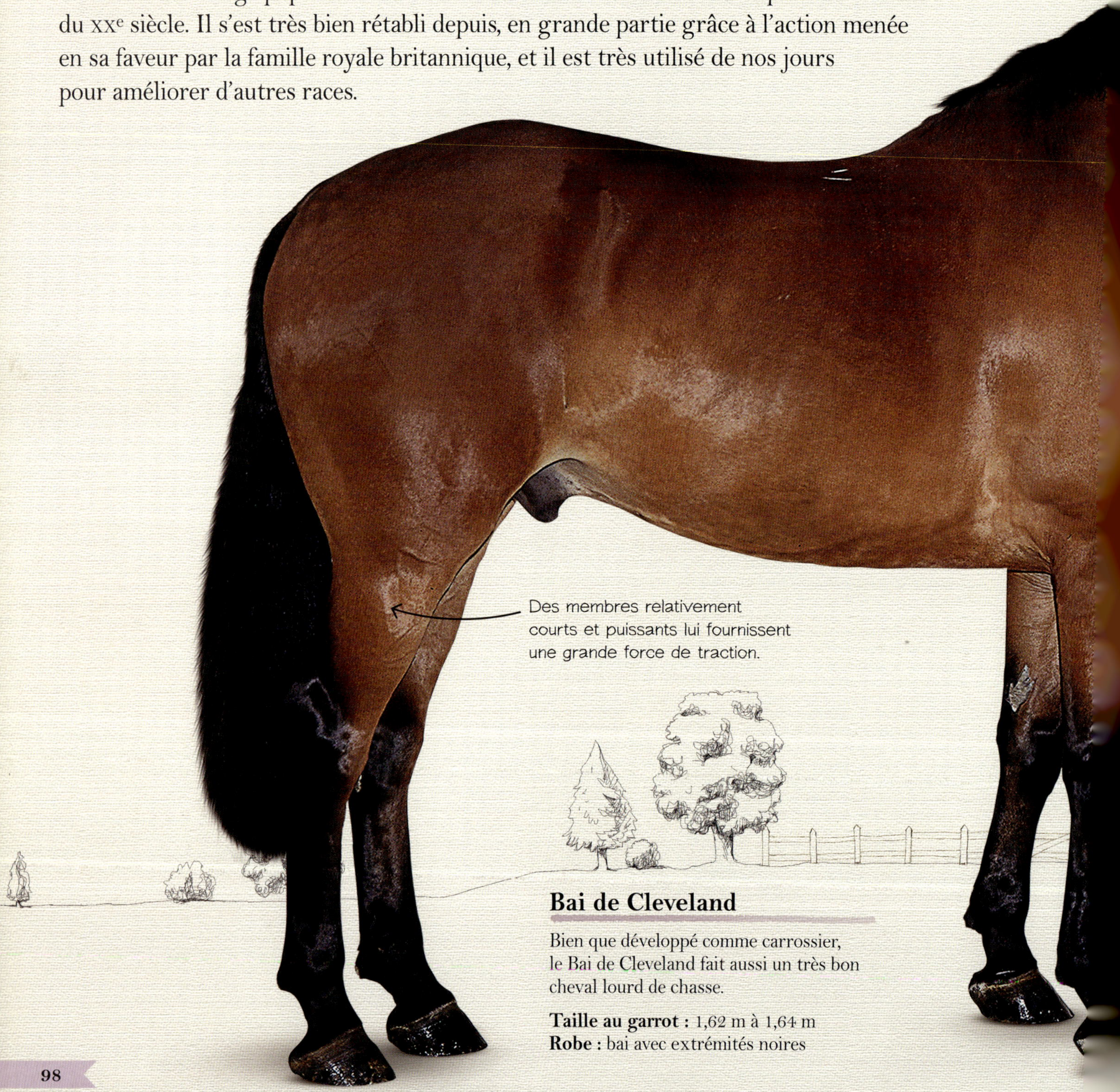

Bai de Cleveland

Bien que développé comme carrossier, le Bai de Cleveland fait aussi un très bon cheval lourd de chasse.

Taille au garrot : 1,62 m à 1,64 m
Robe : bai avec extrémités noires

Par volonté royale

En 1962, le Bai de Cleveland avait décliné à un point tel qu'il ne subsistait que quatre étalons pour assurer la survie de la race. Il fut sauvé de l'extinction au moins en partie grâce à la protection royale dont il bénéficia, et il est aujourd'hui le principal carrossier utilisé par les écuries royales de Londres. On voit ici un attelage de Bai de Cleveland préparé pour une cérémonie officielle.

Races similaires

Gelderlander

Développée aux Pays-Bas pour le travail à la ferme, cette race polyvalente est aujourd'hui souvent utilisée en compétitions d'attelage.

Taille au garrot : 1,55 m à 1,68 m
Robe : généralement alezan

Don

Originaire des steppes de Russie, le Don est une race incroyablement résistante utilisée jadis par la cavalerie cosaque et, de nos jours, surtout en épreuves d'endurance.

Taille au garrot : 1,55 m à 1,60 m
Robes : généralement alezan ou bai

Boudienny

Cette race russe relativement récente a été créée sous l'ère soviétique comme cheval de cavalerie, mais c'est aussi un excellent sauteur.

Taille au garrot : 1,54 m à 1,63 m
Robes : alezan, bai, bai brun ou gris.

L'équitation classique

Au Moyen Âge, les chevaux étaient le plus souvent dressés au moyen de méthodes rudes et même brutales. À partir du XVIe siècle, les dresseurs redécouvrirent des techniques plus douces développées jadis dans la Grèce antique. Elles furent dès lors enseignées en haute école dans le but de créer un art de l'équitation classique : une démonstration d'obéissance, de précision, de raffinement dans le dressage, réalisée avec une perfection inégalée.

Une sagesse antique

Les principaux éléments de l'équitation classique proviennent d'un ouvrage nommé *De l'art équestre*, rédigé vers 360 av. J.-C. par l'auteur grec ancien Xénophon. Cette image sur une poterie date de cette époque. Les méthodes de dressage de Xénophon étaient basées sur la douceur et la récompense, et quand les dresseurs commencèrent à les réutiliser, ils les trouvèrent très efficaces.

Le renouveau classique

Au XVIIIe siècle, les cavaleries commencèrent à utiliser des chevaux plus rapides mais aussi au tempérament plus exigeant, comme les Andalous. Cela conduisit à un regain d'intérêt pour le dressage et l'équitation classiques. Entre 1729 et 1731, le Français François Robichon de la Guérinière (ci-contre) publia *École de cavalerie*, un ouvrage en deux tomes qui devint la référence en la matière.

Les airs relevés

De la Guérinière développa sa méthode à travers des techniques d'équitation classiques destinées à améliorer l'athléticité du cheval. Elles comportent les spectaculaires « airs relevés » comme la courbette (ci-dessus, en haut), la levade (au centre) et la cabriole (en bas). Un cheval doit passer par un dressage intense avant de les réussir parfaitement.

Bottes en cuir

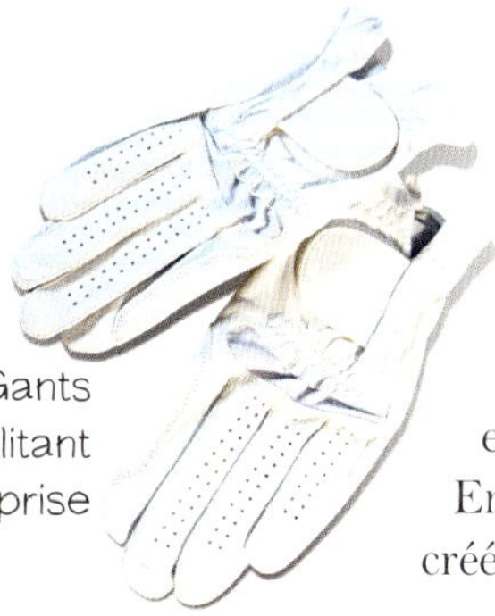

Gants facilitant la prise

L'École espagnole d'Équitation

La plus célèbre école de dressage en équitation classique est l'École espagnole d'Équitation, fondée en 1565 à Vienne, en Autriche. Les représentations y sont données dans le manège d'hiver, le plus beau du monde, dont l'ornementation baroque date du XVIIIe siècle. Les chevaux sont tous des étalons Lipizzans montés sans étriers, et leurs cavaliers portent des uniformes de l'époque napoléonienne. En France, l'École nationale d'Équitation et du Cadre Noir de Saumur, créée en 1825, a également acquis ses lettres de noblesse.

Le Lipizzan

Cette race remarquablement athlétique est célèbre pour être la seule utilisée par l'École d'Équitation espagnole de Vienne. Le nom de cette école de dressage classique reflète les origines ibériques du Lipizzan, qui descend de Genets d'Espagne et d'Andalous acquis en 1580 par l'archiduc de Habsbourg, Charles II d'Autriche, pour établir un haras à Lipizza (aujourd'hui Lipica, en Slovénie). D'autres races furent également utilisées pour sa création, mais la plupart de type ibérique. Depuis 1920 et la chute de l'empire austro-hongrois, les chevaux de l'École espagnole d'Équitation de Vienne sont élevés en tant que race pure au haras de Piber, en Autriche, avec des critères de sélection très rigoureux.

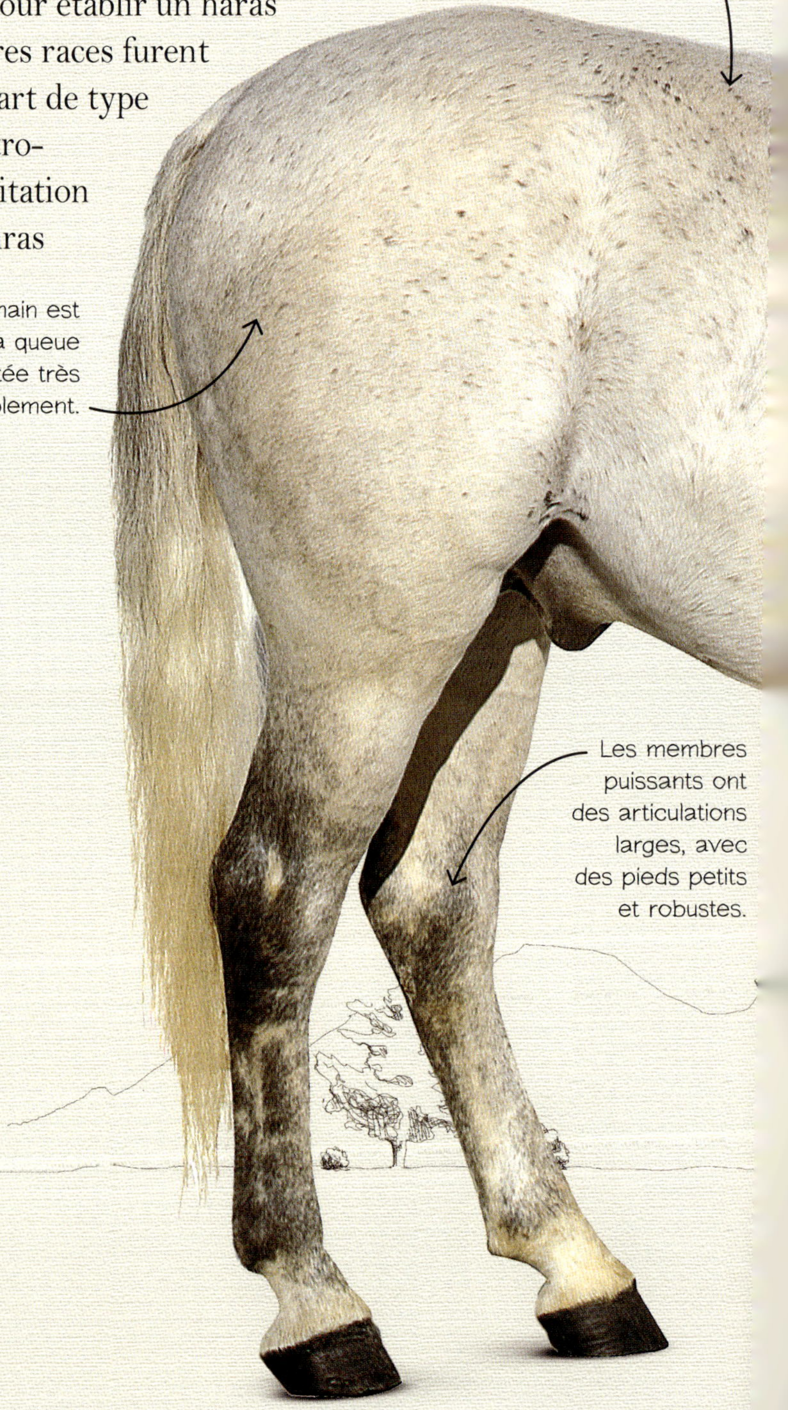

Des poils blancs avec l'âge

Si certains Lipizzans présentent une robe baie, la grande majorité sont gris. Comme tous les chevaux de robe grise, ils ont le poil blanc, la peau noire et les yeux sombres. Ils naissent cependant avec une robe sombre qui s'éclaircit en vieillissant, jusqu'à devenir presque entièrement blanche entre six et dix ans.

Lipizzan

Les Lipizzans originaux ont survécu à plusieurs conflits. En 1945, à la fin de la guerre, ils étaient menacés par l'armée soviétique qui voulait en nourrir ses soldats, mais les Autrichiens qui en avaient la garde organisèrent leur sauvetage avec l'aide de l'armée américaine.

Taille au garrot : 1,52 m à 1,63 m
Robes : majoritairement gris, occasionnellement bai

Races similaires

Altér Real

Cette version portugaise du Lipizzan est également basée sur du sang andalou. La race a une action extrêmement athlétique, relevée et élastique.

Taille au garrot : 1,53 m à 1,63 m
Robes : surtout bai, mais aussi bai brun ou gris

Les chevaux et le sport

Beaucoup de chevaux sont aujourd'hui élevés pour le sport. Certains sont incroyablement rapides, d'autres sont de talentueux sauteurs, d'autres encore ont d'étonnantes capacités d'endurance. Ils sont entraînés à donner le meilleur d'eux-mêmes sur les champs de course et autres terrains de compétition. La plupart des cavaliers, toutefois, ne pratiquent pas la compétition mais l'équitation de loisir et apprécient simplement les promenades dans la nature.

Les courses de plat et d'obstacles

Les courses de chevaux sont probablement aussi anciennes que l'équitation elle-même. Les Romains les appréciaient sans aucun doute et l'on sait que des épreuves équines informelles furent organisées tout au long du Moyen Âge. Avec le temps, ce qui était à l'origine de simples concours évolua vers des compétitions hippiques officielles, régies par des règles strictes, courues aujourd'hui sur des pistes spéciales par des chevaux spécialement entraînés. Certaines sont de simples courses de plat, d'autres des courses d'obstacles de différentes natures.

Par-dessus les obstacles

Les courses d'obstacles sont organisées sur des pistes spécialement aménagées. Elles sont de trois types : les courses de haies, le steeple-chase et le cross-country. Parmi les épreuves mythiques, figurent le Grand National de Liverpool, au Royaume-Uni, et le Grand Steeple-Chase de Paris. Plus dangereuses que les courses de plat, elles sont souvent organisées en hiver, quand le sol plus mou rend les chutes moins redoutables.

Les courses de plat

Les courses de plat peuvent varier d'un simple sprint sur courte distance à des épreuves d'endurance qui demandent tout à la fois vigueur et vitesse. Certaines se courent sur gazon, d'autres sur terre battue, comme ce championnat de Pur-sang au Texas. En France, l'épreuve la plus célèbre est le prix de l'Arc de Triomphe, qui a lieu à l'hippodrome de Longchamp, à Paris. D'autres sont également prestigieuses, comme le Derby d'Epsom, en Angleterre, qui est sans doute la plus mythique, ou la Dubaï World Cup.

Le steeple-chase

Le steeple-chase est né en Irlande en 1752 à la suite d'un pari entre deux hommes qui opposèrent leurs chevaux sur un parcours à travers la campagne entre les clochers de deux villages (en anglais, « clocher » se dit *steeple*), en sautant au passage toutes les haies et les obstacles qui leur barraient le chemin. Ce type d'épreuves se répandit sous le nom de *steeplechasing*, ou « course aux clochers ».

Un trophée
de compétition

Chevaux et jockeys

La plupart des épreuves de haut niveau sont courues par des Pur-sang montés par des jockeys qui, afin de ne pas surcharger les chevaux, sont généralement des hommes minces et de petite taille. Pour ne pas entraver les mouvements de leur monture, les jockeys montent en suspension, dressés sur des étriers très courts. Ils doivent donc être robustes et avoir un très bon équilibre.

L'histoire de Seabiscuit

Le cheval de course légendaire qui réchauffa le cœur des Américains pendant la Grande Dépression

L'atmosphère était électrique sur le champ de courses de Baltimore. Au moins 40000 spectateurs s'étaient pressés pour assister à la « rencontre du siècle », une course à deux qui opposait le champion toutes catégories War Admiral et un cheval californien du nom de Seabiscuit. C'était en novembre 1938, pendant la Grande Dépression. Les États-Unis traversaient la plus grande crise économique du XXe siècle. La population avait soif de héros, et Seabiscuit était une vedette.

War Admiral était célèbre pour ses départs fulgurants, qui sont déterminants dans les courses à deux chevaux. Mais Seabiscuit avait été secrètement entraîné pour se catapulter littéralement au son de la cloche. Dès le départ, il prit la tête et la conserva jusqu'à la moitié du parcours, où War Admiral revint à son niveau. À travers toute l'Amérique, quatre millions de personnes, l'oreille rivée à leur poste de radio, retenaient leur souffle. Alors que les deux chevaux entraient dans la dernière ligne droite, Seabiscuit bondit comme un diable pour remporter la course avec quatre bonnes longueurs d'avance. La foule était en délire.

Lorsque le magnat de l'automobile Charles Howard avait acheté Seabiscuit en 1936, pourtant, ce Pur-sang à la robe baie semblait être un cheval de course moyen. Mais l'entraîneur de Howard avait senti chez Seabiscuit quelque chose de spécial, et il engagea un jockey expérimenté, Red Pollard, pour le monter. En l'espace de quelques mois, l'homme et le cheval étaient devenus inséparables et, en 1937, ils remportèrent ensemble onze des quinze courses auxquelles ils participèrent. Malheureusement, au début 1938, Pollard eut deux mauvais accidents, et ce fut son ami George Woolf qui monta Seabiscuit contre War Admiral. Le malheur frappa à nouveau quelque temps plus tard lorsque Seabiscuit subit une rupture des ligaments de l'un des antérieurs. Sa carrière de champion semblait compromise.

Mais Howard ne pouvait s'y résoudre et il envoya Seabiscuit dans son ranch de Californie rejoindre Pollard, lui aussi estropié. Durant l'année 1939, tous deux récupérèrent ensemble, réapprenant lentement à marcher, puis à trotter, enfin à galoper. Pollard devait porter une atèle à sa jambe blessée, mais il était déterminé à courir de nouveau – et à courir sur Seabiscuit.

En 1940, l'homme et le cheval étaient à nouveau prêts et en mars, ils s'alignèrent dans la plus grande course du calendrier californien : le Santa Anita Handicap. Seabiscuit ne l'avait encore jamais remporté. Pouvait-il encore y parvenir ? Il avait sans aucun doute la combativité nécessaire, et toute l'Amérique le soutenait. Jusqu'à mi-course, il sembla confiné à la troisième place, mais soudain, devant les 78 000 spectateurs qui l'encourageaient, il bondit à la première place, remportant la course d'une longueur et demie sur son concurrent le plus proche. De champion, Seabiscuit était devenu une légende.

Un super entraîneur

Seabiscuit était entraîné par Tom Smith, un homme réputé pour transformer des chevaux ordinaires en champions. Il avait vu tout le potentiel de Seabiscuit et persuada Howard de l'acheter. « Obtenez-moi ce cheval », dit-il à son patron. « Il a l'étoffe d'un grand. Je peux l'améliorer. J'en suis sûr ». On connaît la suite !

Entré dans la légende

Quelques jours après son époustouflante victoire de 1940 au Santa Anita Handicap, Seabiscuit fut retiré pour de bon de la compétition. Il devint un étalon reproducteur dans le ranch de son propriétaire, où il engendra pas moins de 108 « petits biscuits ». En juin 2007, une statue à son effigie fut inaugurée au ranch Howard, pour commémorer l'un des plus grands champions de son temps.

Le Pur-sang

Le Pur-sang est le cheval de course absolu, élevé aujourd'hui dans le monde entier mais développé à l'origine en Grande-Bretagne par croisement de chevaux locaux avec des Arabes, des Barbes et d'autres. En fait, tous les Pur-sang vivant aujourd'hui ont une lignée qui les rattache à trois étalons actifs en Angleterre entre 1690 et les années 1730 : Byerley Turk (probablement un Akhal-Téké), Godolphin Arabian (certainement un Barbe) et Darley Arabian, un Arabe. D'autres chevaux importés furent également utilisés jusqu'en 1770, après quoi les éleveurs se contentèrent d'effectuer une sélection sur la base de la qualité et de la vitesse pure. Le résultat est cette race championne des hippodromes.

Des bêtes de course

Le Pur-sang est la race de chevaux la plus rapide du monde, vedette des champs de course. Cela en fait aussi la plus coûteuse, les individus ayant fait leurs preuves et susceptibles de produire de futurs champions pouvant atteindre des sommes considérables. Mais les Pur-sang sont également croisés avec des races de sang moins chaud pour créer d'excellents chevaux d'équitation générale.

Pur-sang

Le Pur-sang est connu pour son tempérament ardent et inconstant, réclamant généralement un cavalier expérimenté.

Taille au garrot : 1,52 m à 1,72 m
Robes : la plupart des couleurs unies

Race similaires

Anglo-arabe

Résultant d'un croisement de Pur-sang et d'Arabe, l'Anglo-arabe est élevé essentiellement en France comme cheval de compétition rapide et robuste.

Taille au garrot : 1,54 m à 1,65 m
Robes : la plupart des couleurs unies

Les chevaux vedettes de cinéma

Dans de nombreux films de cinéma, les chevaux tiennent des rôles vedettes et, aux États-Unis, le western est longtemps resté un genre majeur. Les scénarios appellent souvent de la part des chevaux qu'ils se comportent de manière particulière et s'adaptent aux besoins de l'équipe de tournage. Ils doivent donc être spécialement entraînés pour ce travail. Cela demande du temps et le savoir-faire de dresseurs spécialisés, si bien qu'un cheval ayant fait ses preuves dans un film est souvent choisi pour apparaître dans d'autres. C'est ainsi que certains chevaux ont été amenés à jouer différents rôles, devenant ainsi, même si eux n'en avaient pas conscience, des vedettes de cinéma.

Les géants de l'Ouest
Dans les westerns, les chevaux jouent une part majeure de l'action. La plupart de ceux qui tournèrent dans ces films sont restés anonymes, mais certaines séries western classiques reposaient sur le duo du héros et son cheval. Roy Rogers et Trigger, que l'on voit sur la photo ci-contre, ont fait de nombreux films ensemble. Plusieurs autres vedettes avaient aussi leurs montures favorites : John Wayne avait Beau, et James Stewart monta Pie durant 22 années de partenariat cinématographique.

Un héros d'action

Dans *Le Masque de Zorro* (1998), dont l'action se déroule dans les années 1820 dans la Californie sous domination espagnole, un mystérieux cavalier noir défend les droits du peuple opprimé contre un gouverneur tyrannique. Son cheval, Tornado, était joué par un étalon Frison noir nommé Casey qui, selon son dresseur, était « un exceptionnel acteur animal ». Avec d'autres chevaux dans le film, on le voit effectuer plusieurs cascades spectaculaires, comme monter des escaliers et sauter – en apparence – de toit en toit au cours des audacieuses missions de son cavalier.

George portant l'armure d'un cheval de général romain

Tornado, le cheval de Zorro, est noir afin que le cheval comme l'homme ne puissent se faire repérer dans la nuit.

Destrier de l'Empire

Le péplum *Gladiator* (2000) met en scène l'acteur Russell Crowe sous les traits d'un puissant général de l'armée romaine réduit à se battre pour sa vie dans l'arène du cirque. Dans les premières scènes, on le voit monter un imposant Andalou noir nommé George, qui est apparu dans plusieurs autres grands films. La présence de ce cheval à l'écran et son expérience des tournages ont fait de lui l'une des vedettes équines les plus demandées.

Une superstar à la robe alezane

Sur le tournage de la comédie *Just Married (ou presque)* (1999), Julia Roberts montait un cheval alezan croisé de Pur-sang et de Quarter Horse nommé Hightower. Elle l'aimait tellement qu'elle le fit transporter par avion à travers les États-Unis pour tourner avec lui la dernière scène du film plutôt que de monter une doublure. Hightower joua aussi le rôle de Pilgrim dans *L'Homme qui murmurait à l'oreille des chevaux* (1998), et de Ginger dans la version de 1994 de *Black Beauty*.

Les courses d'attelages

La course à bord de véhicules hippomobiles a une histoire encore plus ancienne que la course de plat puisque les chars apparurent bien avant l'équitation elle-même. Les compétitions modernes vont des courses de vitesse en trot attelé sur des sulkys légers à deux roues, aux concours complets d'attelages. Nombre de ces compétitions ont pour but de mettre à l'épreuve la maîtrise des meneurs plutôt que la vitesse pure, certaines se pratiquant même dans des véhicules traditionnels et en habits d'époque.

Le concours complet d'attelage

Dans cette compétition qui dure trois jours, des attelages pouvant compter jusqu'à quatre chevaux s'affrontent successivement dans une reprise de dressage, un redoutable marathon, cross-country ponctué de divers obstacles tels que le passage de gués, et une épreuve de maniabilité sur un parcours autour de cônes. Elle réclame un grand savoir-faire.

Le trot attelé

Rapide et excitant, le trot attelé est une discipline hippique qui se pratique sur des champs de courses à piste ovale similaires à ceux des courses montées. Les chevaux ont uniquement le droit de trotter ou d'ambler (selon les règles de l'épreuve), mais pas de galoper. Leurs drivers (conducteurs) doivent user de tactique pour ménager leur énergie avant de les lancer dans le sprint final.

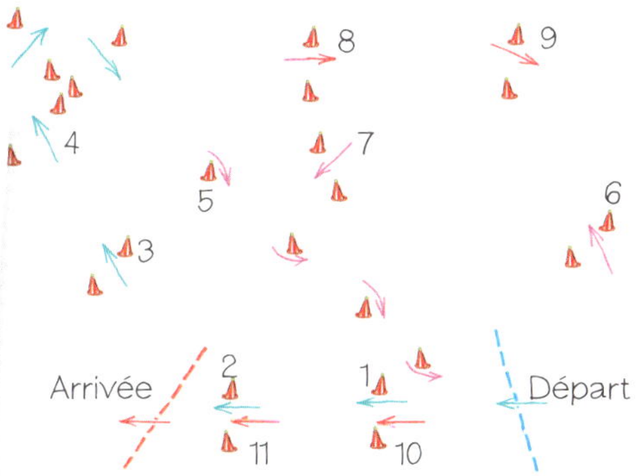

Le *scurry driving*

C'est une course de maniabilité à grande vitesse avec des voitures légères à quatre roues, appelées scurry, tirées par des couples de poneys ou de chevaux. Le but est de boucler le plus rapidement possible un parcours sinueux délimité par des paires de cônes posés au sol sans en toucher un seul. L'assistant du meneur a un rôle important, car il doit se pencher dans les virages pour empêcher le scurry de se renverser.

Le *chuckwagon racing*

Cette discipline de rodéo pour attelage réunissant jusqu'à quatre chevaux se pratique à bord de chariots similaires à ceux qu'utilisaient les cowboys, mais en modèle réduit. Au départ de la course, les participants doivent d'abord charger un réchaud et des piquets de tente dans le chariot et doivent ensuite effectuer un parcours décrivant un huit serré avant de s'engager dans une course sur une piste ovale jusqu'à la ligne d'arrivée.

Le Trotteur américain

Si le Pur-sang est le cheval le plus rapide en course montée, le Trotteur américain, aussi appelé Standardbred, est son équivalent en course attelée. Il fut développé jadis aux États-Unis à partir de diverses races trotteuses et ambleuses croisées avec des Pur-sang, et notamment avec l'étalon anglais Messenger qui fut amené en Amérique en 1788. Depuis lors, des décennies d'élevage sélectif ont créé cette race robuste, volontaire et très rapide, naturellement dotée de la capacité d'ambler, et souvent utilisée pour améliorer d'autres races.

Le poitrail est large et profond.

Races similaires

Trotteur français

Développée, comme son équivalente américaine, pour la course attelée, c'est une race plus robuste et non ambleuse.

Taille au garrot : 1,63 m en moyenne
Robes : toutes couleurs unies

Frison

Cette élégante race d'attelage hollandaise a une longue histoire et elle est réputée pour son spectaculaire trot relevé.

Taille au garrot : 1,45 m à 1,55 m
Robe : noir

Trotteurs et ambleurs

La course attelée est très différente de la course montée dans la mesure où les chevaux doivent trotter ou ambler mais non galoper. Un trotteur américain peut faire l'un ou l'autre, mais rarement les deux. La race tire son nom américain de Standardbred du « standard » établi par le club de race en 1879, qui exige d'un cheval qu'il soit capable de trotter un mile, soit 1,600 km, en deux minutes et demie ou moins pour être qualifié.

Trotteur américain

Outre la course, le Trotteur américain est souvent utilisé comme cheval d'attelage léger, notamment par la communauté Amish, aux États-Unis.

Taille au garrot : 1,42 m à 1,62 m
Robes : bai, bai brun ou alezan

Le dressage

La reprise de dressage est une discipline destinée à évaluer le dressage et l'obéissance du cheval, ainsi que l'harmonie du couple cheval-cavalier. Il repose sur les traditions de l'équitation classique telles qu'elles sont pratiquées au Cadre Noir de Saumur ou à l'École espagnole de Vienne. Comme celles-ci, il met l'accent sur la précision et l'élégance. Bien qu'il puisse apparaître comme très artificiel, il fait en réalité appel aux principes les plus élémentaires de l'équitation, visant à obtenir du cheval des mouvements précis correspondant exactement à ce que l'on attend de lui.

Une équitation de précision
Le dressage implique l'exécution de figures et de mouvements ayant pour noms le passage, la pirouette, le trot allongé ou le piaffé. La performance de chaque compétiteur est jugée sur la réactivité du cheval à la plus légère commande, son obéissance et sa précision dans l'exécution des mouvements, ainsi que sur l'apparence générale de la monture et de son cavalier.

Gants blancs
et chapeau
haut-de-forme

À quatre épingles

Toutes les races sont éligibles pour le dressage. Le cheval doit impérativement être très bien toiletté, avec les sabots graissés, la crinière tressée et la queue épilée. Les cavaliers de haut niveau portent un chapeau haut-de-forme, des gants blancs, une veste à basques, une culotte blanche, des bottes à haute tige et des éperons.

Le prix Caprilli

Cette épreuve, qui doit son nom au capitaine Federico Caprilli (1868-1907), instructeur de cavalerie italien qui inventa la monte en extension sur étriers courts, est une reprise de dressage comportant des sauts, généralement au nombre de deux seulement et relativement peu élevés. Ils sont conçus surtout pour éprouver l'action du cheval et ses allures ainsi que le style du cavalier.

Le contrôle par les jambes

En dressage, le cavalier monte avec des étriers longs, ce qui lui permet d'avoir les genoux détendus et peu fléchis. Cette position lui donne un excellent contrôle car elle augmente sa capacité à communiquer avec le cheval par le toucher. Tout l'art du dressage repose sur cette manière subtile de guider le cheval et de lui transmettre des ordres.

Le *reining*

Il s'agit d'une version western du dressage qui implique l'usage d'une seule main sur les rênes, et d'aides (mouvements de guidage) subtiles des jambes pour faire effectuer à la monture un ensemble précis de cercles, de tours et d'arrêts. Les figures, comme cet arrêt glissé, sont beaucoup plus rapides et spectaculaires que dans le dressage… et le code vestimentaire est radicalement différent !

Le Hollandais Sang chaud

Race relativement récente créée dans les années1960, le Hollandais Sang chaud a été développé comme cheval de compétition associant performances et tempérament calme et discipliné. Des étalons de sang chaud, tels que des Pur-sang et des Arabes, furent croisés avec les races de travail locales que sont les Groningen et Gelderlander pour créer un cheval réunissant les meilleures qualités des deux mondes. Depuis que la race a été fixée, un rigoureux système de contrôle a permis de s'assurer que seuls les meilleurs individus seraient utilisés pour la reproduction.

L'arrière-train est puissant et profond et la queue, attachée haut, est portée fièrement.

Les membres sont forts et nets.

Hollandais Sang chaud

Les membres et les pieds des étalons de la race doivent être contrôlés par radiographie pour rechercher d'éventuels défauts avant d'être utilisés pour la reproduction.

Taille au garrot : 1,55 m à 1,65 m
Robes : la plupart des couleurs unies

Races similaires

Danois Sang chaud

Comme son homologue hollandais, le Danois Sang chaud a été développé par croisement de Frederiksborgs et de Holsteins locaux avec des Pur-sang.

Taille au garrot : 1,63 m à 1,72 m
Robes : la plupart des couleurs unies

Taillé pour le concours

Le Hollandais Sang chaud excelle en compétition. Récemment, certaines lignées ont été spécialisées dans des épreuves particulières, notamment le dressage et le saut d'obstacles, qui nécessitent des qualités différentes de la part des chevaux. Mais ces lignées sont encore croisées afin de maintenir la qualité globale de la race.

Hanovrien

Créé au XVIIIe siècle comme race polyvalente, il a été transformé en un beau cheval de dressage et de saut.

Taille au garrot : 1,55 m à 1,73 m
Robes : la plupart des couleurs unies

Le saut d'obstacles

Dans une course d'obstacles à travers la campagne, chaque spectateur ne peut voir qu'un seul obstacle à la fois. Au XIXe siècle, on commença à installer des parcours d'obstacles dans des arènes, de sorte que tous les spectateurs puissent voir chaque cheval franchir, dans l'ordre établi, chacun des obstacles. De telles épreuves peuvent être organisées en intérieur, ce qui facilite la couverture télévisuelle et fait du saut d'obstacles l'un des sports équestres les plus populaires.

La faute !

Les compétitions de saut d'obstacles peuvent varier, mais dans le principe, les participants tentent, l'un après l'autre, d'effectuer un premier parcours sans faute dans un temps donné. Ceux qui se qualifient s'affrontent ensuite dans un « barrage » contre la montre. Ils sont jugés uniquement sur la performance, des pénalités étant comptées pour des fautes comme des refus devant l'obstacle ou, comme ici, des barres renversées.

Sauter haut et loin

Il peut y avoir jusqu'à 14 obstacles dans chaque parcours. Ceux-ci prennent l'aspect de murs, de haies, de barrières de planches ou de barres. Tous peuvent être renversés s'ils ne sont pas passés correctement. Nombre d'entre eux sont élevés, mais d'autres sont des obstacles longs ou des combinaisons de haies. Le parcours peut aussi inclure un saut de rivière, comme ici à Guadalajara, au Mexique.

En extension

Les cavaliers de saut d'obstacles utilisent des étriers assez courts, ce qui leur permet d'adopter une position en extension vers l'avant qui aide le cheval à s'équilibrer durant le saut. La plupart des chevaux portent des guêtres pour protéger les tendons des canons, à la base des membres. La sangle de la selle est munie d'une bavette afin de préserver le ventre des clous dont sont munis les fers pour améliorer l'accroche au sol.

Une rosette de vainqueur

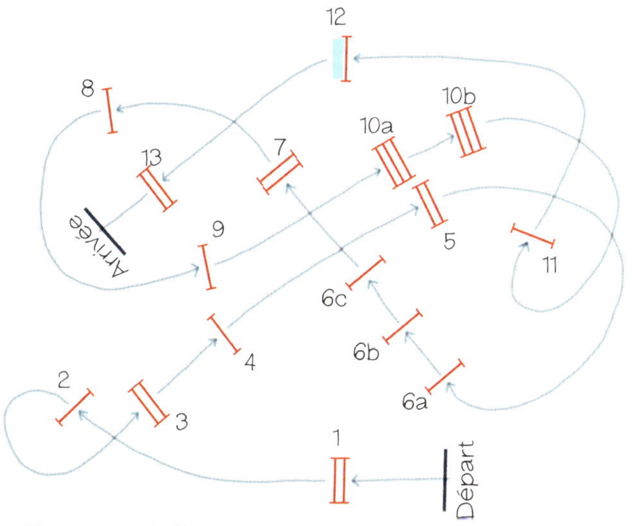

Le tracé du parcours

Le parcours est conçu de telle sorte que les chevaux aient un certain nombre de foulées à faire entre chaque obstacle – parfois seulement une demi-foulée aux niveaux de compétition les plus élevés. Ils peuvent aussi être contraints d'aborder un obstacle à l'oblique. Au moins un des obstacles est une combinaison, double ou triple, dans laquelle les obstacles sont très rapprochés, comme la combinaison 6a, b et c du schéma ci-dessus.

Pour faire le mur

Dans les épreuves de puissance, toute la difficulté réside dans la taille des obstacles. Et le plus imposant d'entre eux est le « mur de puissance », constitué d'un empilement de blocs ressemblant à un solide mur maçonné. Lors des barrages (parcours réduits et chronométrés visant à départager les concurrents n'ayant commis aucune faute et donc ex-aequo), le mur est rehaussé à chaque tour et peut finir par dépasser 2 m, c'est-à-dire plus que la hauteur de la tête du cheval !

Le Selle français

Célèbre pour ses prouesses en saut d'obstacles, le Selle français eut pour précurseur l'Anglo-Normand. Ce dernier résultait essentiellement de croisements entre des chevaux locaux de la région de Normandie avec des étalons de Trotteurs du Norfolk et d'Arabes. Le Selle français, quant à lui, est le produit du croisement de l'Anglo-Normand avec plusieurs autres races régionales et avec le Pur-sang, ce qui permit de développer cet excellent cheval de compétition équestre. La race, cependant, comporte des types variés élevés pour différentes disciplines.

Selle français

Ce demi-sang comporte un type plus léger qui participe a des courses de plat et de haies, mais la race produit aussi des chevaux de cross-country et des hunters.

Taille au garrot : 1,54 m à plus de 1,65 m
Robes : principalement alezan, bai ou bai brun

Races similaires

Holstein

Jadis cheval militaire et d'attelage, cette race du nord de l'Allemagne a été raffinée pour en faire un compétiteur de saut d'obstacles de classe internationale.

Taille au garrot : 1,63 m à 1,73 m
Robes : toutes couleurs unies

Westphalien

Autre demi-sang allemand, cette race donne de superbes sauteurs d'obstacles qui se sont aussi illustrés en dressage et en compétition d'attelage.

Taille au garrot : 1,54 m à 1,64 m
Robes : toutes couleurs unies

Un champion de saut

Il existe trois principaux types de Selle français, développés pour l'équitation de loisirs, la course ou le concours hippique. Les sujets les plus cotés sont ceux du troisième type car leurs qualités athlétiques et leur audace en font d'excellents chevaux de saut d'obstacles. L'un des représentants de la race, l'étalon Baloubet du Rouet, remporta la Coupe du monde trois années consécutives (en 1998, 1999 et 2000), sous la selle de Rodrigo Pessoa ; un exploit sans précédent !

Le concours complet

Les concours d'équitation sont conçus pour mettre à l'épreuve la vigueur, la vitesse, l'agilité et le niveau de dressage des chevaux. Dans leur forme la plus simple, il s'agit de rencontres de cross-country. Le concours complet, quant à lui, combine cette discipline avec le dressage et le saut d'obstacles, ce qui rend la compétition beaucoup plus difficile et exigeante et demande la maîtrise d'un grand nombre de techniques équestres, tant de la part du cheval que de celle du cavalier.

Le cross-country

Les épreuves de cross-country se déroulent sur des parcours jalonnés d'obstacles relativement modestes. Il existe différentes classes correspondant aux différents niveaux de compétence. Ces épreuves sont donc une porte d'entrée idéale dans le concours équestre et une étape avant de s'attaquer à des compétitions plus exigeantes comme le concours complet.

Les pointes doivent être franchies dans la partie la plus étroite de l'obstacle.

Une haie artificielle

Un concours très complet

Plus difficile que le simple cross-country, le concours complet combine dressage, saut d'obstacles et cross-country. La compétition se déroule sur une à quatre journées. L'épreuve de dressage n'est pas tout à fait similaire à une reprise de dressage pur ; elle a pour but de tester l'agilité, l'obéissance et le tempérament du cheval.

Un parcours plein d'embûches

Les obstacles de cross-country, qu'il s'agisse de cross-country simple ou de concours complet, sont aussi variés que possible en termes de hauteur, de longueur et d'aspect. Le parcours schématisé ci-contre comporte un saut de rivière, une ligne de tonneaux, un tas de bois et un piano (une suite de marches). La plupart de ces obstacles « naturels » sont conçus pour se renverser s'ils sont heurtés afin d'éviter les chutes dangereuses et les blessures.

Les Classic Events

Le concours complet est un sport très intense qui attire des cavaliers de classe mondiale. On voit ici Brook Staples sur Daws Willowherb négociant un passage de gué au concours de Badminton, au Royaume-Uni. Ce dernier fait partie des Classics Events, une série de six compétitions internationales de concours complet parmi lesquelles figurent aussi le Rolex Kentucky Event, aux États-Unis, l'Australian International Three Day Event, à Adelaïde, en Australie, ainsi que les Étoiles de Pau, en France.

Le *team chasing* : un cross-country par équipes

Cette discipline est essentiellement une version par équipe du cross-country. L'équipe est composée de quatre cavaliers sur leurs montures. Celle qui effectue le meilleur temps remporte l'épreuve. Généralement, l'un des obstacles – voire plus – doit être franchi par au moins trois des quatre chevaux côte à côte.

Le Trait irlandais

Développé à l'origine comme un cheval de trait mi-lourd, plus puissant que les poneys irlandais indigènes, le Trait irlandais a une ascendance complexe dans laquelle apparaissent des races irlandaises, anglaises, espagnoles et arabes. À la fin du XIXe siècle, des apports de sang de Clydesdale et de Shire se révélèrent désastreux et furent compensés plus tard par des infusions de Pur-sang. Le résultat est un cheval polyvalent, au tempérament calme et qui excelle en compétition, mais qui est aussi un très bon choix pour les polices montées, notamment pour le travail en situations stressantes.

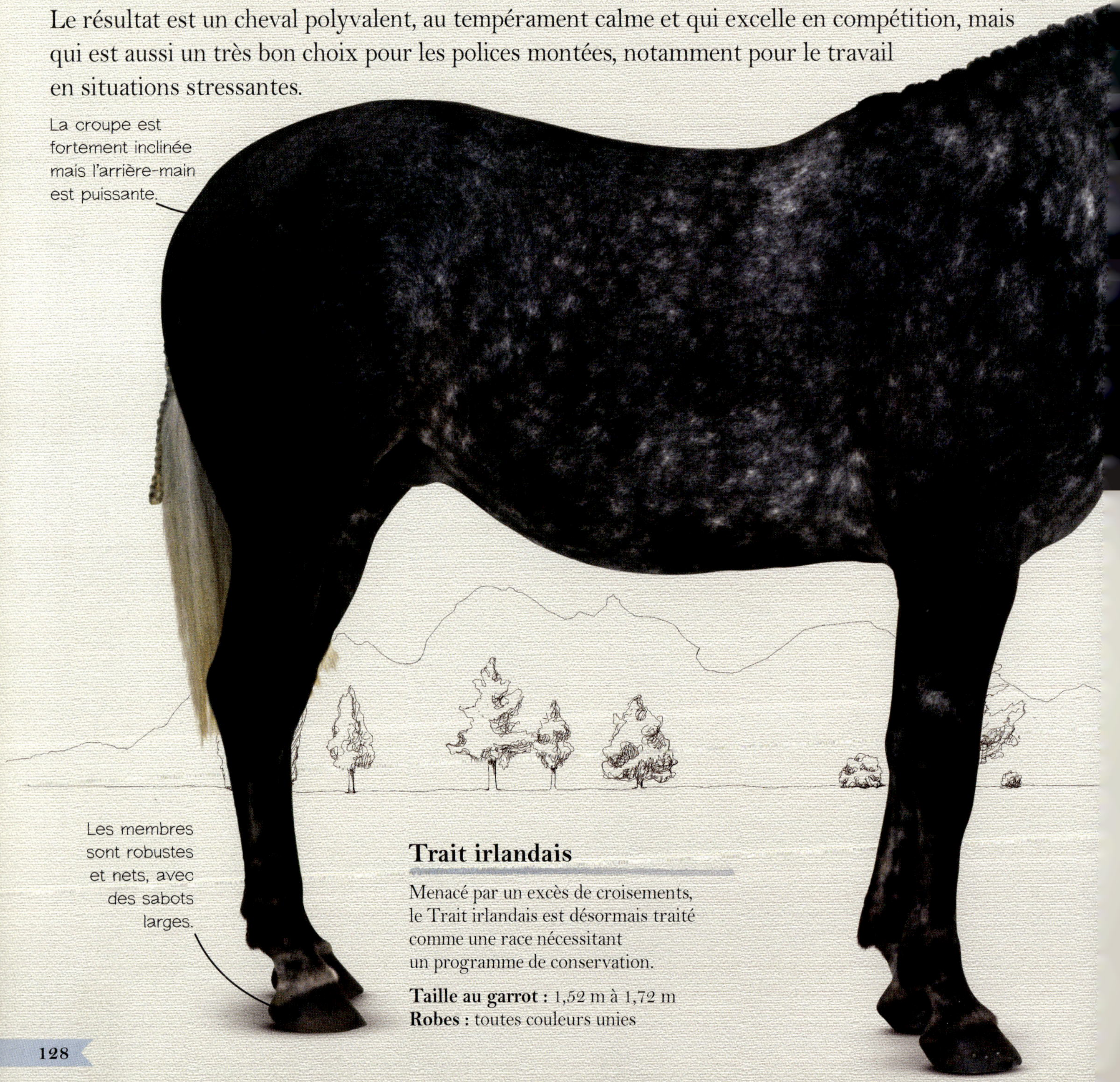

La croupe est fortement inclinée mais l'arrière-main est puissante.

Les membres sont robustes et nets, avec des sabots larges.

Trait irlandais

Menacé par un excès de croisements, le Trait irlandais est désormais traité comme une race nécessitant un programme de conservation.

Taille au garrot : 1,52 m à 1,72 m
Robes : toutes couleurs unies

Races similaires

Trakehner

Développé en Prusse comme cheval de cavalerie et d'attelage, cet élégant demi-sang est aujourd'hui un cheval de compétition très polyvalent.

Taille au garrot : 1,62 m à 1,68 m
Robes : toutes couleurs unies

De haut vol

Bien que la race en elle-même soit un bon cheval de compétition, des juments de Trait irlandais sont parfois croisées avec des étalons Pur-sang pour produire le Irish Sport Horse, un superbe cheval de saut d'obstacles et de concours complet. On voit ci-dessus Carling King, un champion Trait irlandais à l'œuvre en compétition de saut d'obstacles aux jeux Olympiques d'Athènes de 2004, en Grèce.

Wielkopolski

Cette race polonaise est proche cousine du Trakehner. C'est un excellent cheval de saut d'obstacles et de concours complet, et une monture de dressage pleine de style.

Taille au garrot : 1,62 m à 1,68 m
Robes : toutes couleurs unies

Le raid d'endurance

Depuis des siècles, le cheval est prisé pour sa vigueur autant que sa vitesse. Jadis, la capacité des montures à continuer d'avancer inlassablement était essentielle pour des tâches comme la conduite du bétail ou les opérations militaires. Mais passer des heures en selle est également éprouvant pour le cavalier. Des anciennes épreuves qui servaient à tester la résistance des chevaux, dérive le raid d'endurance actuel. Dans les dernières décennies, c'est devenu un sport organisé, où les cavaliers et leurs montures peuvent couvrir jusqu'à 160 km en une journée.

À travers la Sierra

Le raid d'endurance est devenu un sport véritable en Californie en 1955, lorsqu'un groupe de cavaliers traversa la Sierra Nevada par les sommets depuis le lac Tahoe jusqu'à Auburn en moins de 24 h. Ce parcours de 160 km est aujourd'hui une épreuve connue sous le nom de Tevis Cup Ride. Elle est réputée pour son terrain accidenté et sa chaleur éprouvante.

Une selle légère

Les selles d'endurance sont conçues pour être à la fois légères et confortables, tant pour le cheval que le cavalier. Nombre de participants préfèrent les modèles légers basés sur les selles western, comme ci-dessus. Les chevaux peuvent porter des guêtres de protection, mais il y a peu de règles et le choix de l'équipement est laissé au cavalier.

Étape après étape

Les raids d'endurance sont divisés en étapes (ou boucles) avec des arrêts obligatoires entre chacune, et chaque cavalier possède une carte où la route est indiquée, avec les points de contrôle et tous les obstacles naturels. À chaque point de contrôle, les chevaux sont nourris, abreuvés et examinés par un vétérinaire. Tout animal jugé inapte à continuer est éliminé de la compétition. Ici plus qu'ailleurs, le mot d'ordre est : pour voyager loin, ménage ta monture.

La forme gagnante

Dans la plupart des épreuves, le premier cheval à franchir la ligne d'arrivée et jugé encore apte à continuer est déclaré vainqueur. Mais des récompenses sont aussi distribuées aux chevaux présentant la meilleure forme et finissant dans les dix premiers. Le prix de « meilleure condition physique générale » est souvent plus recherché que le premier prix.

L'Akhal-Téké

Élevé pour résister aux extrêmes climatiques des déserts d'Asie centrale, l'Akhal-Téké est l'une des races les plus anciennes du monde dont l'histoire remonte à au moins un millénaire, et probablement bien plus encore. Pendant tout ce temps, il a été élevé comme race pure par les tribus du Turkménistan, tant pour en faire une monture de combat qu'un cheval de course. La rude vie tribale en milieu hostile constitua un facteur de sélection très exigeant et seuls les individus les plus résistants survécurent. Elle a produit une race dotée d'une endurance et d'une vigueur phénoménales, ainsi que de bonnes capacités de vitesse.

Akhal-Téké

Cette race produit des sauteurs athlétiques, mais sa vraie force est dans les concours d'endurance, où elle n'a pas d'égale.

Taille au garrot : 1,45 m à 1,55 m
Robes : toutes sauf le pie. Le bai, l'isabelle et le palomino ont parfois des reflets métalliques.

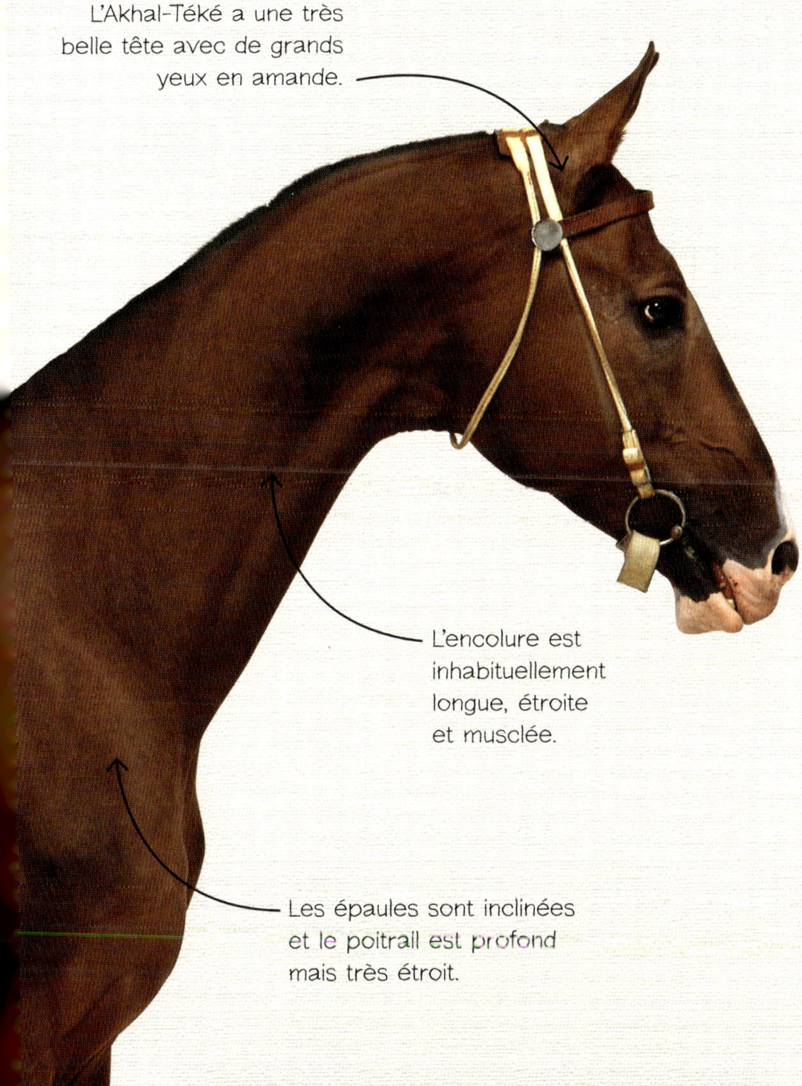

Comme des statues d'or

De nombreux Akhal-Tékés présentent une robe isabelle doré – la plus prisée –, avec des extrémités noires et un reflet doré unique à cette race. Celle-ci souligne leur silhouette très fine et élégante, que les éleveurs traditionnels accentuent en faisant en sorte que les chevaux ne développent aucune graisse superflue.

Races similaires

Kabardin

Ce rude cheval de montagne du nord du Caucase possède un pied très sûr et d'énormes capacités d'endurance.

Taille au garrot : 1,44 m à 1,54 m
Robes : bai, bai brun ou noir

Karabakh

Élevé en Azerbaïdjan, ce robuste cheval de montagne possède du sang de Kabardin et d'Akhal-Téké, et il est souvent croisé avec des Arabes.

Taille au garrot : 1,42 m à 1,52 m
Robes : alezan, bai ou louvet

Bashkir Curly

Découvert à l'état sauvage dans le Nevada, aux États-Unis, en 1898, ce cheval de montagne au poil bouclé est une race très résistante et dotée d'un très bon caractère.

Taille au garrot : 1,44 m à 1,52 m
Robes : toutes

Le trec

Inventé en France mais aujourd'hui largement exporté, le trec est un sport équestre qui met à l'épreuve les talents du cavalier à lire les cartes et s'orienter, et à l'équitation d'extérieur. Il est constitué de trois types d'épreuves distinctes qui se déroulent sur un ou deux jours : une course d'orientation montée, un test de contrôle du cheval et une course d'obstacles. Les cavaliers perdent des points en commettant divers types de fautes. Le gagnant est donc celui qui termine la compétition avec le plus de points.

Orientation à cheval
Dans l'épreuve d'orientation, les participants disposent d'un temps déterminé pour reproduire tout d'abord sur leur propre carte le tracé de la course. Ils doivent ensuite effectuer ce parcours en se servant de leur carte et d'une boussole. Des points de contrôle sont installés tout au long du parcours pour s'assurer que les cavaliers y passent bien et relever leur vitesse. Les cavaliers doivent s'y arrêter pour laisser leur monture se reposer.

La maîtrise de la monture

La seconde épreuve a pour but de tester les capacités du cavalier à bien contrôler son cheval. Chaque concurrent doit effectuer une course au galop en ligne droite, puis un retour au pas en sens inverse, mais le galop doit être aussi lent que possible, et le pas aussi rapide que possible.

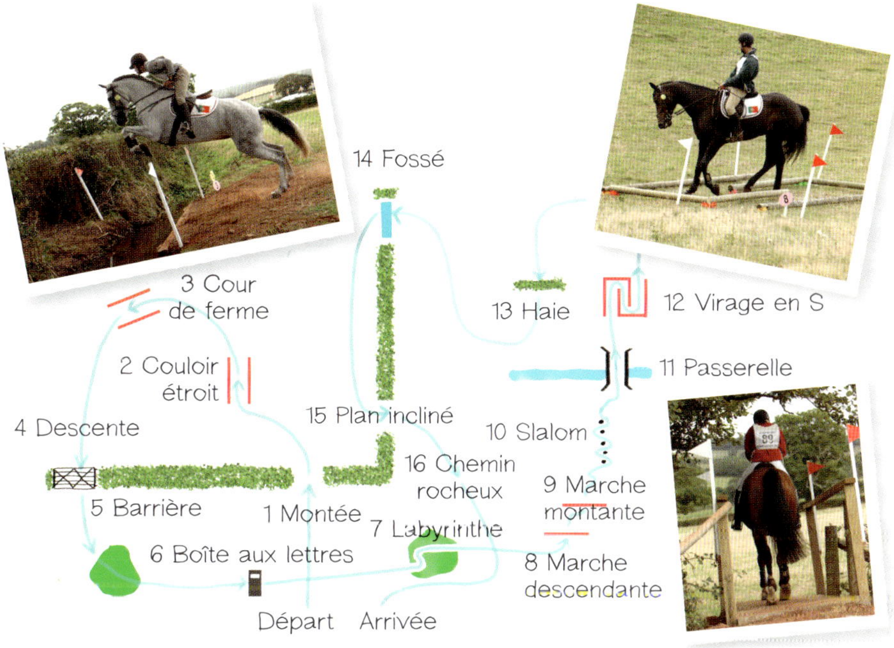

Un parcours à négocier

La course d'obstacles est constituée de seize obstacles tels que haies, fossés, marches, barrières étroites et passerelles. Certains d'entre eux peuvent nécessiter de mettre pied à terre. Toutes ces difficultés doivent être négociées avec efficacité dans l'ordre correct, dans un temps donné et avec un certain style.

Le cross-country de loisirs

Dans son essence, le trec est une version compétitive du cross-country de loisirs, une activité que la plupart des cavaliers apprécient. Ce dernier ne comporte pas de véritable enjeu de compétition, mais il fait appel aux mêmes types de savoir-faire : s'orienter, contrôler sa monture et négocier des obstacles.

Les autres sports équestres

Mis à part les courses et les épreuves de saut, d'endurance ou autres concours complets, il existe de nombreuses autres façons d'utiliser les chevaux pour le sport. Ce sont par exemple différentes formes de chasse, des jeux d'équipes comme le polo, et divers concours montés dérivés d'anciens exercices d'entraînement de cavalerie. Certaines de ces activités sont plusieurs fois centenaires, mais on en invente sans cesse de nouvelles.

Le frisson de la chasse

La chasse à courre se pratique depuis des siècles. Ses motivations étaient en partie utilitaires, mais ceux qui s'y exerçaient découvraient vite le côté exaltant de ces chasses montées à travers la nature. Il en va de même de la chasse au leurre, une forme de chasse à courre non violente, où les cavaliers et la meute de chiens courants chassent un gibier imaginaire le long d'une piste odorante artificiellement tracée.

Le *tent-pegging*

Pratiqué en Inde depuis au moins le IVe siècle av. J.-C., ce jeu consiste à s'élancer sur un cheval au grand galop, armé d'une lance pour piquer et arracher de petites chevilles de bois fichées dans le sol, constituant les cibles. Le nom anglais du jeu pourrait se traduire par le «déplantage de tente» et a des origines militaires. Jadis, en effet, des unités de cavalerie montées menaient des raids surprise au petit matin contre les camps ennemis, utilisant cette technique pour faire s'écrouler les tentes sur leurs occupants encore endormis.

Le polo

Ce jeu de balle a probablement pour origine un exercice d'entraînement au combat qui se pratiquait en Perse il y a 2 500 ans. Deux équipes de quatre cavaliers s'affrontent, tentant de marquer des points en utilisant des maillets à long manche pour envoyer une balle dans le but adverse. Rapides et intenses, les matchs sont divisés en six manches de 7 minutes et demie, appelées *chukkas*, pour permettre aux joueurs de récupérer et changer de monture.

Le polocrosse

Inventé en Australie dans les années 1930, le polocrosse est une version montée de la crosse, un jeu d'origine amérindienne surtout connu des Anglo-saxons. Trois joueurs dans chaque équipe sont armés de raquettes à filet qu'ils utilisent pour attraper, transporter et lancer une balle et tenter de marquer des buts. Comme au polo, la partie est divisée en plusieurs *chukkas* de courte durée.

Le *barrel racing*

Principale épreuve féminine de rodéo aux États-Unis, le *barrel racing* consiste à effectuer une course sur un parcours en forme de feuille de trèfle autour de trois tonneaux disposés en triangle. Les compétitrices courent l'une après l'autre contre la montre, chacune visant à effectuer le meilleur temps sans renverser les tonneaux. C'est un jeu qui demande de l'audace et un cheval rapide et athlétique.

Le Kathiawari

Ce petit cheval tire son nom de la péninsule de Kathiawar, dans le Gujarat, dans l'ouest de l'Inde, où il est développé depuis le XIVe siècle. Le cheptel local de base, constitué de poneys, fut amélioré par l'apport en grande quantité de sang arabe dans le but de créer une race naturellement robuste, sobre mais dotée de beaucoup de vigueur, d'endurance et d'une touche de classe. Jouissant d'une grande considération dans sa région d'origine, où il était traditionnellement élevé par les riches familles locales, c'est une monture très appréciée pour le sport, notamment le *tent-pegging* (voir p. 136). Dans le Gujarat, il est aussi utilisé par la police montée.

Kathiawari

Selon une légende, la race aurait été fondée par des étalons Arabes parvenus sur la côte à la suite d'un naufrage au large du Gujarat.

Taille au garrot : jusqu'à 1,45 m
Robes : toutes couleurs sauf le noir

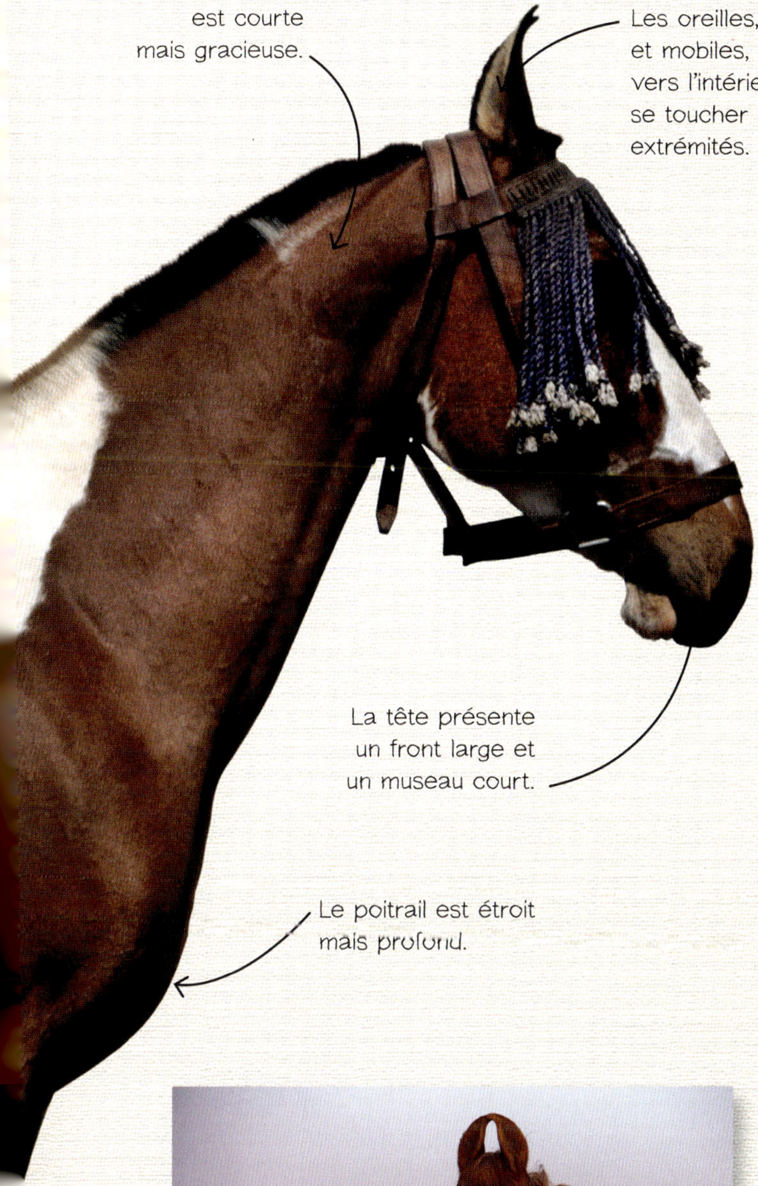

Un port d'oreilles distinctif

Développé à l'origine comme monture pour les soldats en région désertique, le Kathiawari est réputé pour être capable de survivre par grande chaleur et avec des rations minimales. Mais sa véritable marque de fabrique est le port particulier de ses oreilles, qui s'incurvent vers l'intérieur pour se toucher aux extrémités. Il semblerait que la race ait fait l'objet d'un élevage sélectif sur ce trait dans le passé.

Races similaires

Karabaïr

Cette race ancienne d'Ouzbékistan résulte d'un mélange de sangs mongol et arabe. Elle est souvent utilisée pour la pratique du sport local, le bouzkachi.

Taille au garrot : 1,44 m à 1,52 m
Robes : essentiellement gris, bai ou alezan

Poney de polo argentin

Type de cheval plus que race, le Poney de polo est élevé pour sa vitesse et son agilité. En Argentine, il est développé à partir de sangs criollo et pur-sang.

Taille au garrot : 1,53 m en moyenne
Robes : toutes

Au temps des chevaliers

Au Moyen Âge, les nobles allaient au combat montés sur des destriers et enfermés dans des armures de fer qui en faisaient des adversaires bien difficiles à mettre à bas pour les fantassins. En revanche, un chevalier – c'est ainsi qu'ils se nommaient – pouvait être démonté par un autre lancé au galop, à l'aide de sa longue lance. Le chevalier à terre était alors fait prisonnier et libéré contre une rançon qui pouvait être considérable. Lorsqu'ils ne guerroyaient pas, les chevaliers entretenaient leur art du combat lors de tournois où, pour le sport, ils joutaient les uns contre les autres.

Le sport des nobles

Sur les champs de bataille, la cavalerie lourde en armure devint obsolète au XIVe siècle, mais la joute survécut en tant que sport, pratiquée par ceux qui étaient assez riches pour entretenir tout l'armement et l'apparat qu'elle nécessitait. Le roi d'Angleterre Henri VIII faisait partie de ses enthousiastes, à l'instar de nombreux autres souverains et nobles d'Europe.

Les heaumes des chevaliers arboraient parfois d'extravagants panaches de plumes.

Les caparaçons qui recouvraient les chevaux étaient brodés de signes héraldiques.

La vision romantique de la chevalerie…

Malgré ses dangers, la joute – avec tout son charme chevaleresque et son apparat – séduit encore de nos jours et conserve ses adeptes. Comme les chevaliers médiévaux, les participants portent des armures intégrales et, chargeant sur leurs destriers de part et d'autre d'une barrière centrale, tentent de se toucher mutuellement de leurs longues lances. Mais celles-ci sont conçues pour éclater à l'impact, comme on le voit dans ce tournoi organisé en Californie, aux États-Unis.

… et sa violente réalité

Les chevaux utilisés par les chevaliers en armure étaient de type lourd ou mi-lourd, ressemblant beaucoup aux hunters modernes. Les chevaux les plus gros étaient moins agiles, mais peinaient moins à porter un homme alourdi de 50 kg de fer. La selle présentait à l'avant un pommeau et, à l'arrière, un troussequin, tous deux élevés pour aider le cavalier à maintenir son assiette. La joute était un sport très dangereux, et même potentiellement mortel : en 1559, le roi de France Henri II mourut de blessures à l'œil reçues en tournoi, et le roi Henri VIII d'Angleterre ne se remit jamais d'une blessure à la jambe contractée lors d'une joute équestre et qui eut de graves conséquences sur sa santé.

Les chevaux de tournois

Le plus souvent, les chevaux de joute étaient équipés d'armures faciales pour les préserver de blessures accidentelles. Certains portaient parfois aussi une armure corporelle, rarement toutefois car cela les ralentissait. De toute manière, blesser délibérément le cheval d'un adversaire était considéré comme dénué de tout esprit chevaleresque. La plupart du temps, les chevaux portaient des caparaçons faits d'étoffes richement colorées et ornées : une coutume flamboyante que l'on ne manque pas de faire revivre dans les reconstitutions modernes.

Les jeux montés

Les compétitions équestres pour les jeunes se composent d'une variété de jeux mettant à l'épreuve les talents des cavaliers. Appelées gymkhanas, équifun, ou pony games, par exemple, elles sont organisées par les fédérations équestres et les poney-clubs. Ce sont le plus souvent des compétitions locales ouvertes aux débutants comme aux cavaliers plus accomplis. Mais les jeux montés sont aussi devenus partie intégrante de compétitions nationales majeures.

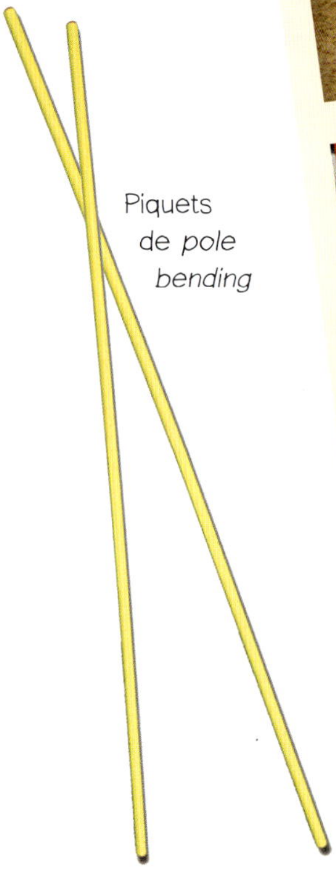

Piquets de *pole bending*

Vitesse et maîtrise

Certains jeux montés sont d'excellents tests pour les capacités des jeunes cavaliers. Dans les courses de *pole bending*, par exemple, les participants doivent slalomer au galop entre des rangées de piquets, comme les skieurs, en essayant de réaliser le meilleur temps sans en renverser un seul. Parfois, deux cavaliers doivent s'affronter au lieu de courir contre la montre.

De l'amusement à la compétition

Nombre de jeux équestres sont conçus pour amuser les très jeunes cavaliers, avec des activités consistant à crever des ballons avec de longues piques, hameçonner des « poissons » avec des cannes de fortune, ou bien attraper des objets placés dans un seau. Mais tous réclament un certain niveau de discipline équestre et peuvent donner lieu à des compétitions étonnamment âpres.

La coupe du Prince Philip

En Grande-Bretagne, le Pony Club organise des épreuves de gymkhana dont le point culminant est la grande finale dans laquelle les équipes se disputent la coupe du Prince Philip, lors du Horse of the Year Show. Malgré son statut, la compétition est conçue pour les jeunes cavaliers de tous niveaux.

La voltige équestre

Parmi les nombreuses disciplines équestres, on peut aussi citer la voltige. Les voltigeurs concourent soit individuellement, soit par équipes, effectuant de spectaculaires mouvements de gymnastique sur des chevaux tenus en longe sur un cercle au trot ou au galop. Certaines figures sont obligatoires, d'autres sont libres.

Avoir un poney

Posséder un poney est le rêve de beaucoup d'enfants, et qui, parfois, se réalise. Mais c'est aussi une grosse responsabilité. L'animal a besoin de visites d'entretien plusieurs fois par jour. Il doit être nettoyé, nourri, abreuvé, et doit prendre régulièrement de l'exercice. Mais ceux qui ont déjà un poney savent bien que rien de tout cela n'est une corvée. Au contraire, cela fait partie du plaisir !

Hébergement et alimentation

Au chaud et au sec

Un poney maintenu en paddock a besoin d'un abri où il pourra se préserver du vent et de la pluie. Celui-ci n'a pas besoin d'être très élaboré : un bâtiment en bois, couvert et fermé sur trois côtés suffira. Mais il doit être spacieux, bien drainé et facilement accessible. Le poney peut aussi avoir besoin d'une couverture pour le protéger des temps froids, en particulier si son poil a été tondu.

Un cheval sauvage est libre d'aller où bon lui semble à la recherche d'abris et de quoi se nourrir et s'abreuver. Un poney domestique, quant à lui, est généralement maintenu dans un paddock (enclos) ou une écurie. Dans cet espace restreint, c'est donc à son propriétaire de veiller à lui apporter tout ce dont il a besoin. Cela paraît évident si l'animal est en écurie, mais ça doit l'être aussi lorsque l'animal est en extérieur. Peu de paddocks, en effet, sont assez vastes pour satisfaire à tous les besoins du poney, et brouter toujours le même terrain peut entraîner le surpâturage et favoriser les parasites internes. Et plus les poneys sont nombreux, plus le risque est important.

Dans les verts pâturages

Les poneys endommagent leurs paddocks en les surpâturant, en piétinant le sol, et en délaissant les plantes qui leur déplaisent, lesquelles finissent par devenir dominantes. Il est donc important de resemer régulièrement les pâtures et leur apporter de l'engrais. Tout objet susceptible de blesser l'animal doit être retiré et les crottins doivent être ramassés car ils peuvent contenir des œufs de parasites intestinaux.

Les plantes toxiques, comme le séneçon jacobée, doivent être arrachées.

Propre et en forme

Un poney à l'écurie a besoin d'une litière de paille, de copeaux ou de papier déchiqueté. Celle-ci doit être maintenue propre en ramassant le crottin plusieurs fois par jour et en remplaçant la litière salie tous les jours. La plupart des poneys ont également besoin d'au moins quatre heures d'exercice par jour, en liberté au pré ou au travail monté.

L'eau et l'alimentation

Les chevaux sauvages boivent peu mais souvent, et un cheval domestique doit être abreuvé sur cette même base. Si l'animal a accès à une herbe abondante, c'est bien, mais l'herbe ou la paille seules ne suffisent pas à satisfaire les besoins d'un animal qui est monté régulièrement. Il lui faut également des aliments concentrés granulés ou floconnés, ainsi que de l'eau propre à volonté.

Le tube digestif équin

Le cheval est équipé pour consommer le plus indigeste des aliments : l'herbe. Son gros intestin, composé du cæcum, du côlon et du rectum, est surdimensionné. Des bactéries vivant dans le cæcum dégradent les robustes fibres végétales constituées surtout de cellulose, pour les transformer en glucides (sucres). Mais l'herbe étant peu énergétique, un cheval a besoin de manger beaucoup pour obtenir tous les nutriments dont il a besoin.

Le cæcum, volumineux, intervient dans la digestion des fibres végétales par fermentation bactérienne.

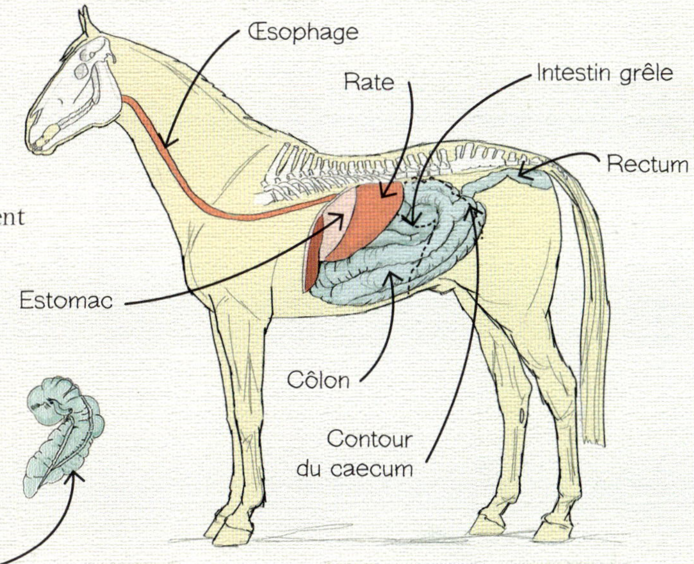

Le pansage

Une brosse douce à soies souples retire la saleté et la graisse des poils du corps, des membres, de la crinière et de la queue.

Le pansage – c'est-à-dire le toilettage – régulier et complet du poney permet de le maintenir propre et sain. Il implique beaucoup plus qu'un simple brossage, en particulier lorsque le cheval doit être préparé pour un concours. Il est donc important d'être correctement équipé pour cela. Mais l'intérêt du pansage va bien au-delà des apparences. Il offre une occasion quotidienne de vérifier l'état de santé du poney, et contribue également à créer et renforcer le lien entre lui et son cavalier. Toutefois, pour pouvoir panser un poney, il faut parfois d'abord l'attraper, et cela n'est pas toujours une mince affaire!

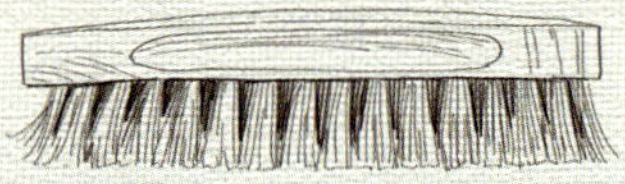

Une brosse humide peut être utilisée pour peigner la crinière et la queue afin que les poils restent en place pour une exhibition.

Pour attraper un poney

Fermez derrière vous la barrière de l'enclos et approchez-vous calmement de l'épaule du poney en tenant le licol derrière votre dos. Prenez le temps de le caresser, puis passez doucement la longe du licol autour de son cou, en la maintenant tandis que vous vous rapprochez de sa tête. Caressez-le encore un instant avant de glisser le licol autour de sa tête.

Les sabots d'un poney doivent être inspectés et curés quotidiennement à l'aide d'un cure-pieds.

Toujours propre

Les besoins d'un poney en termes de pansage varient selon la façon dont il est logé. Un cheval à l'écurie doit être pansé tous les jours. S'il vit au pré, en revanche, il ne doit pas faire l'objet d'un brossage excessif, car cela élimine la graisse naturelle qui protège son poil et l'imperméabilise. Un pansage de base comporte la suppression de la boue et de la transpiration et le curage des pieds. Un pansage complet est plus efficace lorsque le poney a transpiré après un exercice.

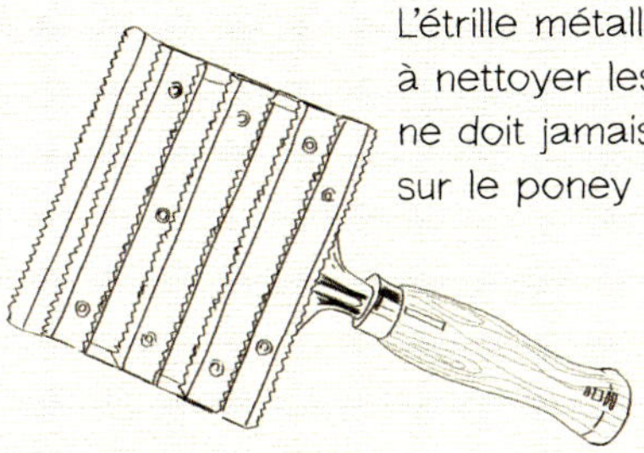

L'étrille métallique sert à nettoyer les brosses et ne doit jamais être utilisée sur le poney lui-même.

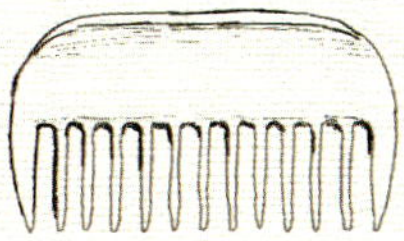

Un peigne spécial sert à démêler la crinière et à en séparer les crins pour les tresser.

La brosse dure (à droite) ou une étrille en caoutchouc peut être employée pour retirer la boue séchée et durcie sur le corps.

Deux éponges distinctes doivent être employées, l'une pour nettoyer les yeux, les naseaux et le museau, l'autre pour la région anale.

Un lustrage final avec un chiffon doux supprime toute poussière résiduelle.

Graisser les sabots permet de les maintenir en bonne condition, et leur donne bel aspect.

Après un lavage, l'eau en excès dans le poil peut être exprimée à l'aide d'un couteau de chaleur.

La tonte

En hiver, un cheval développe un poil plus épais. C'est utile dans la nature ; ça l'est moins pour un cheval domestique habitué à travailler car cela favorise la transpiration en cas d'effort. Tondre le poil deux ou trois fois dans l'hiver permet de l'éviter. La tonte est sélective, évitant certaines parties du corps, comme les membres et la zone de la selle sur ce hunter (type de cheval destiné au saut).

Pour un concours

Un poney présenté à une exhibition doit être à son avantage. Il faut alors utiliser des ciseaux pour couper les poils autour de la tête et des membres, puis épiler délicatement la crinière à l'aide d'un peigne à crins pour la désépaissir et la raccourcir. Certains concours nécessitent aussi que la crinière et la queue soient tressées.

Pour le cheval et le cavalier

Le cheval et le cavalier ont tous deux besoin d'un équipement adéquat. Celui-ci variera d'un poney à l'autre et en fonction des traditions locales et du type d'équitation pratiqué. L'équitation western, par exemple, est assez différente de celle pratiquée en Europe, et une selle de dressage est inadaptée à une épreuve de saut. Mais pour l'équitation de loisirs, même si l'on pratique le cross-country ou le saut d'obstacles, un simple filet et une selle ordinaire polyvalente feront l'affaire.

La tenue d'équitation

En équitation, un gilet de protection et, sur la tête, une bombe ou un casque dur, sont essentiels : même le plus expérimenté des cavaliers peut avoir un accident. Les bottes d'équitation sont beaucoup plus sûres que des chaussures, et une culotte de cheval extensible est plus confortable qu'un jean. Une paire de gants protégera les mains.

La sécurité avant tout

Lorsqu'il circule à cheval sur les routes, un cavalier doit être bien visible pour les conducteurs. Pour l'homme, un gilet fluorescent passera rarement inaperçu. Pour le cheval, des guêtres fluorescentes seront idéales car le mouvement attirera immanquablement l'attention. Un couvre-reins d'une couleur vive (ou fluorescente) sur la croupe, toujours vulnérable, peut également contribuer à une bonne signalisation.

Le filet

Le filet est le harnachement de tête qui permet au cavalier de contrôler la vitesse et la direction de son cheval par l'intermédiaire d'un mors placé dans sa bouche. Il est fait le plus souvent en cuir. Le plus simple des filets consiste en une lanière qui passe sur la tête du cheval et se rattache aux montants, lesquels sont reliés au mors. Il existe de nombreux types de filets ; la bride double, avec deux mors, étant généralement réservée au dressage.

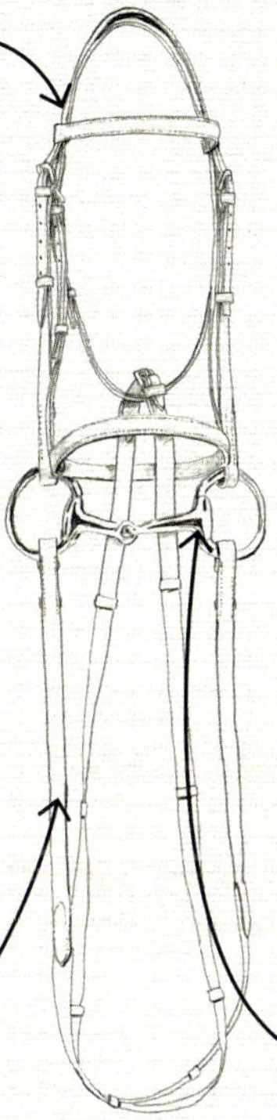

La selle

La plupart des selles sont fabriquées en cuir et taillées pour s'adapter au cheval. Leur ajustement à la morphologie du porteur doit être contrôlé souvent et avec soin, et l'arrivée d'un nouveau cheval implique généralement l'acquisition d'une nouvelle selle. Souvent, un tapis de selle est placé sous celle-ci pour éviter les frottements et absorber la transpiration. Son utilisation accroît le confort pour le cheval et pour le cavalier. Le harnachement (selle et bride) doit être nettoyé et inspecté régulièrement.

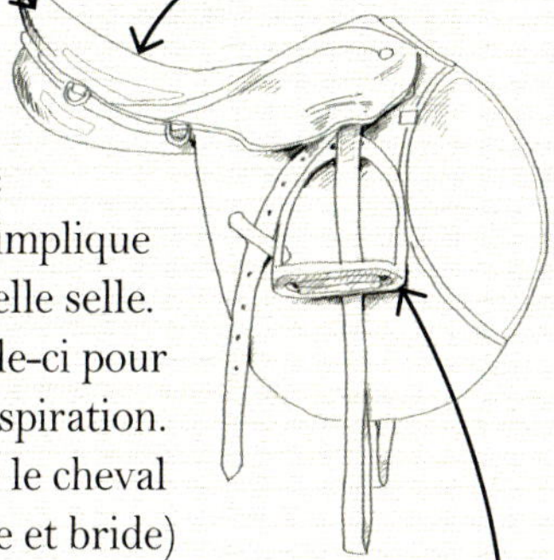

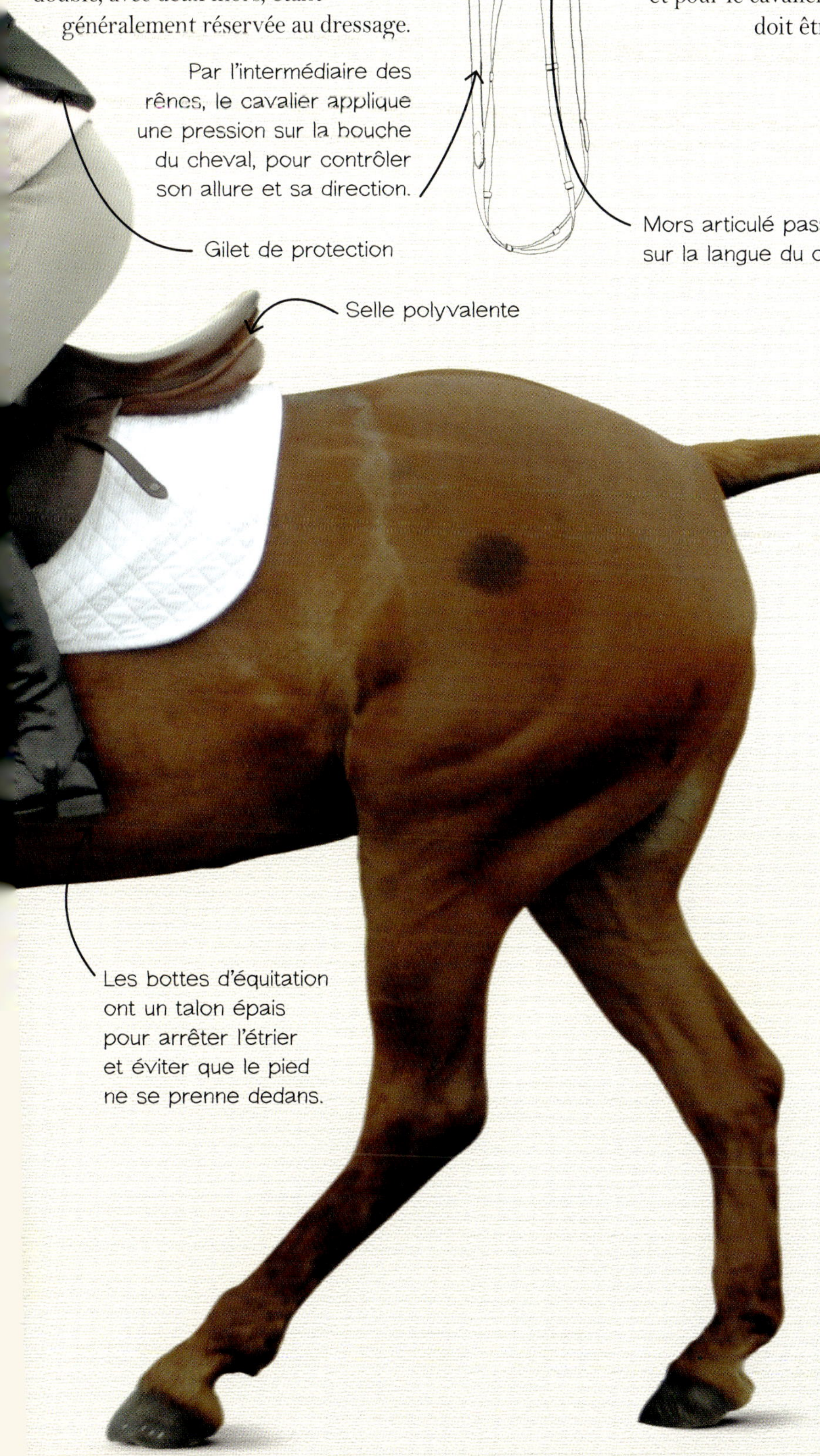

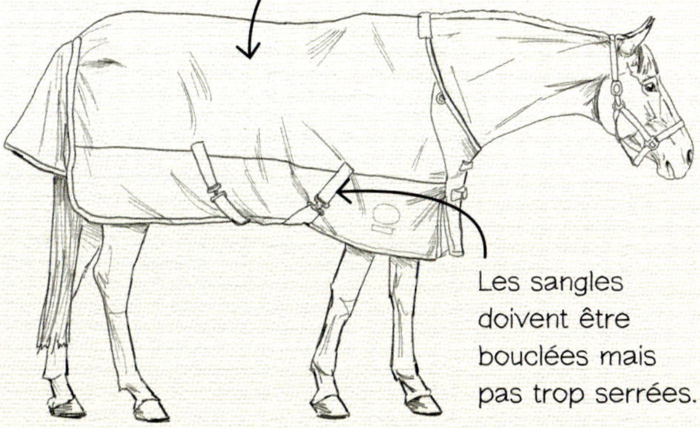

Les couvertures

Un poney peut avoir besoin d'une ou deux couvertures pour le protéger, en particulier si son poil a été tondu. Une couverture de type New Zealand, bien taillée et imperméable, comme celle ci-dessus, le maintiendra au chaud et au sec en hiver et un modèle d'été plus léger le protégera des insectes par temps chaud. Pour les chevaux et poneys à l'écurie, des couvertures matelassées pour la nuit seront utiles par temps froid. Il est important que les couvertures soient à la bonne taille, afin qu'elles ne glissent pas et ne s'accrochent pas dans la moindre aspérité.

L'entretien des sabots et des dents

Les sabots et les dents d'un cheval ou d'un poney poussent continuellement et ont donc besoin de soins réguliers. Ses sabots, en particulier, nécessitent des contrôles fréquents, car s'il a un problème avec l'un d'eux, l'animal va se mettre à boiter et ne pourra plus être monté. Il aura également besoin d'être ferré par un maréchal-ferrant professionnel, afin que ses sabots puissent supporter le poids d'un cavalier sur des surfaces dures comme les routes. Le maréchal-ferrant étant un expert, un ferrage régulier lui permettra de détecter tout problème de pied chez un cheval avant qu'il ne s'aggrave.

Le sabot

Le sabot, dont on voit ici le dessous non ferré, est un ongle hypertrophié qui recouvre et protège le pied. Le poids du cheval porte sur la paroi du sabot, constituée de corne dure qui pousse en permanence, compensant ainsi l'usure naturelle. La sole, surface délimitée par la paroi, est protégée des chocs par une partie élastique appelée fourchette.

L'inspection

Pour protéger le sabot et le préserver de l'usure naturelle, on fixe un fer sur sa face inférieure. À mesure que la corne pousse en pointe, la forme du pied se modifie, appliquant une pression au niveau du talon pouvant, dans le pire des cas, entraîner son affaissement. C'est pourquoi les pieds d'un poney doivent être contrôlés par un maréchal-ferrant toutes les quatre à six semaines.

Les fers

Les fers sont fabriqués par le maréchal-ferrant à partir de barres de métal chauffées dans un four pour être forgées à l'aide d'un marteau sur une enclume. Des trous pour le passage des clous sont percés tandis que le fer est encore rouge. Les pointes en métal, à l'avant ou sur les côtés du fer, servent à l'empêcher de bouger. Il existe des fers préfabriqués de toutes les tailles ; l'ajustement final est réalisé par le maréchal-ferrant sur le pied du cheval, au moment du ferrage.

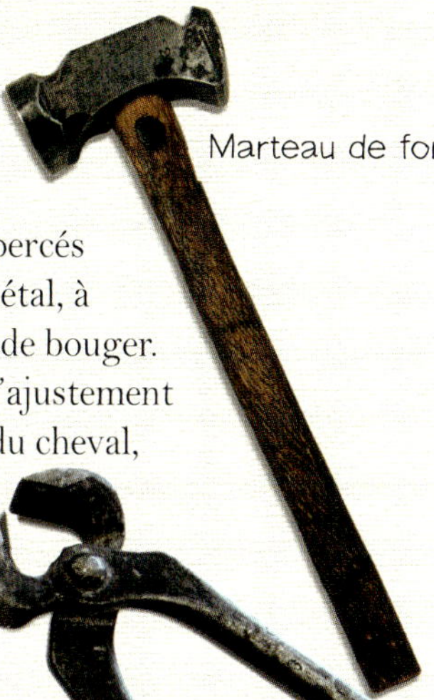

Marteau de forgeron

Le ferrage

Le maréchal-ferrant ôte avec précaution le fer usagé à l'aide de tricoises, puis coupe et retaille le sabot. Il choisit un fer et le chauffe, puis l'applique contre le sabot pour faire dans la corne une marque de brûlure qui lui indiquera les endroits où des ajustements seront nécessaires. Il remodèle alors le fer en conséquence, puis le cloue sur le sabot avec des clous plantés à l'oblique. Il coupe ensuite les pointes des clous qui ressortent de la paroi et les rivette.

Tricoises

Les dents et l'âge du cheval

Les trois paires d'incisives changent d'angle d'implantation à mesure que le cheval vieillit. Cela affecte la façon dont elles s'usent, créant des « tables d'usure » différentes sur les faces en contact. Avec l'expérience, on peut estimer précisément l'âge d'un cheval en examinant l'état de ses dents.

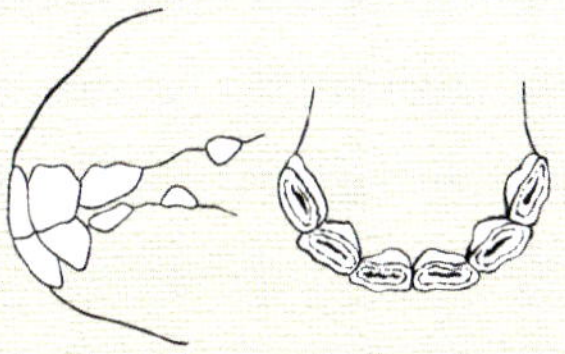

5 ans

Un cheval jeune a des incisives presque verticales avec des tables d'usure ovales.

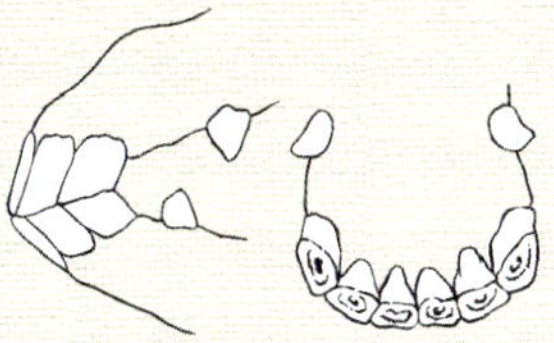

12 ans

À 12 ans, les dents se sont inclinées et leur table d'usure s'est arrondie.

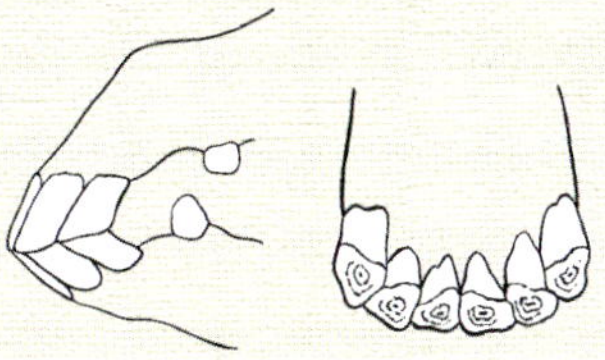

Cheval âgé

Les dents d'un vieux cheval sont tellement inclinées que leur table d'usure est presque triangulaire.

Les soins dentaires

Les dents du cheval poussent en permanence pour compenser l'usure ue à l'herbe très abrasive qu'il broute. Mais elles doivent être inspectées régulièrement par un dentiste équin u un vétérinaire afin de détecter tout défaut d'usure. Tous les six mois environ, elles peuvent avoir besoin d'être limées pour supprimer d'éventuels bords coupants, tamment chez les chevaux à l'écurie.

Quand le poney a bonne mine

Un poney en bonne santé doit avoir des yeux brillants et un poil lisse et luisant. Sa peau doit être souple, élastique et saine, et il doit se tenir bien en appui sur ses quatre membres (parfois avec un postérieur au repos). Il doit manger et boire correctement et produire de l'urine et des crottins normaux.

Un poney en bonne santé

Outre le contôle régulier des pieds et des dents, il faut surveiller chez le poney tous les signes de troubles éventuels. Certains, comme les blessures ouvertes, sont bien visibles et souvent faciles à traîter. Mais il est utile d'avoir l'œil sur tout indice susceptible de traduire un problème de santé et faire appel au vétérinaire au moment opportun. Certains problèmes communs peuvent être évités par la vaccination ou d'autres types de traitements médicinaux, d'autres par une bonne hygiène dans l'écurie et une bonne gestion des pâturages.

Quand appeler le vétérinaire ?

Le moindre changement dans le comportement habituel d'un poney peut traduire un problème. Toute dégradation de l'état physique ou un comportement étrange doit être examiné de près et peut nécessiter l'intervention du vétérinaire, en particulier si le cheval présente de réels signes de détresse.

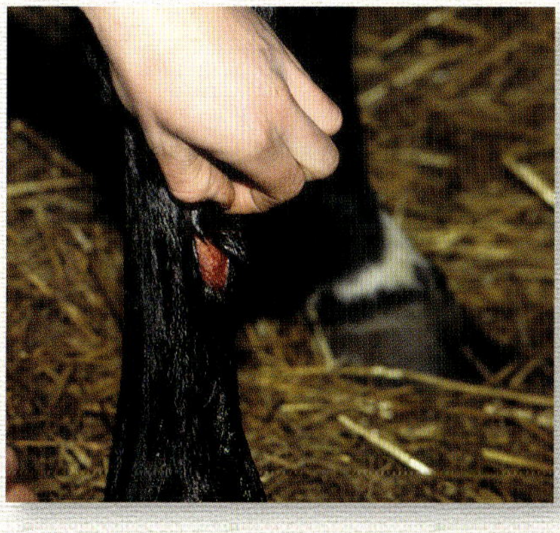

Les blessures mineures

En cas de blessure, il faut d'abord en éliminer tout objet étranger et appliquer une pression ferme avec une compresse stérile pour arrêter le saignement. Ensuite, il faut couper les poils autour de la blessure et nettoyer celle-ci avec du coton trempé dans de l'eau bouillie refroidie contenant un peu de sel ou d'antiseptiques ; et pour ce faire, il convient de changer de morceau de coton à chaque application. Enfin, la blessure doit être asséchée puis enduite de poudre ou de pommade cicatrisante.

La vermifugation

Les parasites intestinaux peuvent être prévenus par le ramassage des crottins dans le paddock et, dans l'idéal, en pratiquant la rotation des pâturages avec d'autres animaux. Mais ils doivent aussi être contrôlés par l'administration régulière d'un vermifuge à six ou huit semaines d'intervalle. Les différents types de vers nécessitent des traitements différents : il faut demander conseil au vétérinaire.

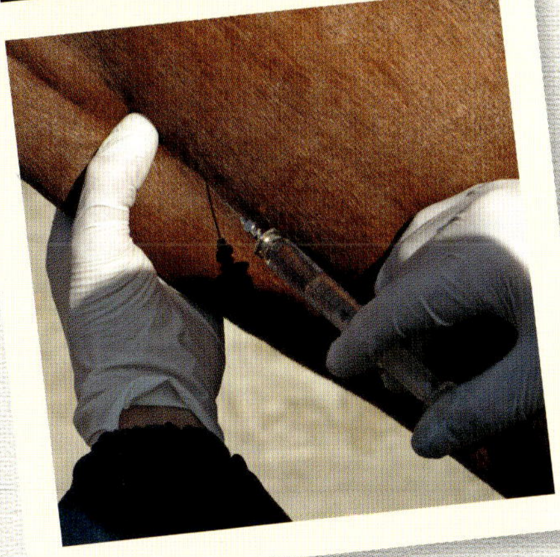

Les vaccinations

Un vétérinaire local saura de quels vaccins un poney a besoin. Ceux-ci le préserveront de maladies équines comme la rhinopneumonie, la grippe équine, la gourme ou le tétanos. Certains sont indispensables pour tous les poneys, d'autres peuvent être évités si la maladie est rare dans la région.

Une vue sur le squelette

Il est bon d'avoir quelques notions sur l'anatomie, notamment osseuse, de son poney. Ses longs membres sont adaptés à la course. Sa colonne vertébrale, relativement rigide, permet au cavalier de monter sur son dos sans le blesser.

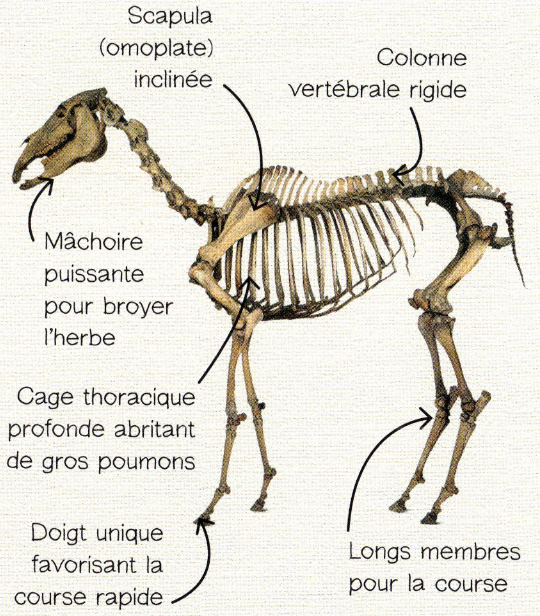

Glossaire

Allure
Séquence de déplacement des membres en fonction de la vitesse. Le cheval possède trois allures naturelles : le pas, le trot et le galop.

Allure à quatre temps
Allure dans laquelle le cheval déplace chaque membre à tour de rôle en une séquence régulière. L'allure à quatre temps la plus commune est le pas.

Allure latérale
Type d'allure, tel l'amble, dans laquelle le cheval déplace en même temps les deux membres d'un même côté.

Amble
Allure latérale rapide équivalente au trot.

Arrière-main
Partie arrière du corps du cheval comprenant les hanches, la croupe et les membres postérieurs.

Aubère
Robe composée d'un mélange de poils blancs et jaunes ou de poils blancs et rouges. Aubère clair : robe aubère comportant une plus grande proportion de poils blancs. Aubère foncé : robe aubère comportant une plus grande proportion de poils rouges.

Bai
Robe de couleur de fond brun rougeâtre mais pouvant varier, avec extrémités (crinière, queue et bas des membres) foncées.

Cheval de bat
Cheval utilisé pour porter des charges sur son dos. Les poneys et les mules peuvent être utilisés comme chevaux de bat.

Cheval de trait
Cheval utilisé pour tracter une charrue, un chariot ou autre véhicule hippomobile.

Cheval féral (pluriel féraux)
Cheval retourné à l'état sauvage après avoir été domestiqué ou descendant de chevaux jadis domestiqués.

Concours complet
Compétition équestre réunissant des épreuves de saut d'obstacles, de dressage et de cross-country.

Condition
État de forme et de santé d'un cheval.

Conformation
Morphologie d'un cheval, définie essentiellement par son squelette.

Croupe
Partie supérieure de l'arrière-main du cheval.

Demi-sang
Type de cheval combinant le tempérament placide d'ancêtres de sang froid et la fougue d'ancêtres de sang chaud, donc généralement calme et de bon caractère mais très athlétique.

Équestre
Qualifie ce qui se rapporte à l'équitation.

Équine
Qualifie se qui se rapporte aux chevaux (de la famille des Équidés).

Équitation
Art de monter à cheval.

Équitation western
Type d'équitation développé dans l'Ouest américain pour la conduite du bétail.

Espèce
Niveau de la classification scientifique des êtres vivants dont les représentants se ressemblent tous et peuvent se reproduire entre eux en donnant des descendants non stériles. Le nom d'espèce constitue la deuxième partie du nom scientifique d'un animal. Le zèbre des plaines, par exemple, appartient au genre *Equus*, et à l'espèce *quagga*. Son nom scientifique complet est donc *Equus quagga*.

Étalon
Cheval mâle entier (non castré) de plus de quatre ans destiné à la reproduction.

Fanons
Longs poils autour du paturon d'un cheval.

Garrot
Partie la plus élevée du dos d'un cheval, entre les épaules, à la base de l'encolure. La taille d'un cheval se mesure au garrot.

Genre
Niveau de la classification scientifique des êtres vivants immédiatement supérieur à l'espèce. Il apparaît dans la première partie du nom scientifique des organismes. Tous les chevaux appartiennent au genre *Equus*.

Gris
Couleur de robe où les poils sont essentiellement blancs sur une peau noire.

Guêtres
Manchons en tissu ou en cuir enveloppant la base des membres d'un cheval, généralement pour les protéger des blessures.

Harnachement
Terme général utilisé pour désigner les selles, brides et autre matériel de sellerie.

Harnais
Équipement d'attelage permettant à un cheval de tirer une lourde charge.

Hongre
Cheval mâle castré, c'est-à-dire ayant subi une ablation des testicules.

Hybride
Croisement entre deux espèces, par exemple une mule (croisement entre un âne et un cheval). La plupart des hybrides sont stériles et ne peuvent pas se reproduire.

Isabelle
Robe café au lait (jaune) plus ou moins foncée, crins et extrémités noirs (les deux couleurs sont séparées).

Jument
Cheval femelle à maturité.

Lignée
Ensemble des ancêtres d'un cheval. Lorsque, dans le langage courant, on parle du « sang » hérité de ces ancêtres, on fait en réalité référence à leurs gènes.

Louvet
Robe, crins et extrémités alezan plus ou moins clair et noirs, les deux couleurs étant mélangées.

Maréchal ferrant
Spécialiste des pieds et du ferrage des chevaux.

Mulet, Mule
Croisement artificiel entre un âne et un cheval.

Mustang
Cheval sauvage américain descendant de chevaux domestiques ; c'est donc un cheval féral.

Paddock
Enclos aménagé pour abriter des chevaux au pâturage.

Pampa
Immense prairie tempérée naturelle d'Amérique du Sud.

Parasite
Organisme vivant sur ou dans un autre organisme et se nourrissant aux dépens de ce dernier.

Pommeau
Partie dure et relevée à l'avant d'une selle.

Prédateur
Animal tuant d'autres animaux pour s'en nourrir.

Profil concave
Face légèrement creuse ; opposé à convexe.

Profil convexe
Face légèrement bombée vers l'extérieur ; appelé aussi « nez romain ».

Raie de mulet
Ligne sombre courant au milieu du dos, sur l'épine dorsale du cheval. C'est un caractère primitif.

Ranch
Type de ferme dans lequel tout le terrain est utilisé comme pâturage pour élever des animaux brouteurs comme les chevaux ou les bovins.

Reprise de dressage
Compétition équestre mettant à l'épreuve les capacités de dressage du cavalier, celles d'obéissance et de précision du cheval, et l'harmonie du couple.

Rodéo
Sport équestre inspiré de l'équitation western développée par les cow boys de l'Ouest américain.

Rosette
Sorte de badge coloré orné de rubans offert en récompense et généralement porté à la bride par le cheval.

Rouan
Robe composée d'un mélange de poils rouges, blancs et noirs. Les crins sont noirs et plus ou moins mélangés de crins blancs. Rouan clair : se dit d'une robe rouanne plus fortement mélangée de poils blancs. Rouan foncé : robe rouanne dont la couleur prédominante des poils est noire. Rouan vineux : robe rouanne tirant sur le rouge.

Sang chaud
Type de cheval à fort tempérament comme l'Arabe ou le Pur sang, élevé pour la course et les sports similaires de haute performance.

Sang froid
Type de cheval à la nature placide ; généralement une race de travail, comme le Shire, par exemple.

Steppe
Immense prairie tempérée naturelle en Asie.

Stud-book
Aussi appelé « livre des origines » en français, c'est le livre tenu par une association de race enregistrant tous les chevaux de pure race et leur lignée d'ascendance.

Sulky
Petite voiture hippomobile très légère à deux roues utilisée en course attelée.

Trot attelé
Course attelée dans laquelle un seul cheval tire une voiture légère à deux roues appelée sulky. Les chevaux ont seulement le droit de trotter ou d'ambler (selon la course), pas de galoper.

Troussequin
Partie courbée remontante de l'arrière d'une selle.

Vigueur
Capacité d'un cheval à maintenir son activité sur de longues périodes sans se fatiguer.

Vision binoculaire
Vision obtenue dans la zone où l'angle de champ de chacun des deux yeux se superpose. Cela procure une vision en relief et une bonne notion des distances.

Index

Remerciements

Dorling Kindersley souhaite remercier : Jenny Sich pour la lecture des épreuves, Jackie Brind pour la préparation de l'index, Stefan Podhorodecki pour le design additionnel, Rose Horridge et Romaine Werblow pour la recherche d'images additionnelles, Francesca Wardell pour le travail de préproduction additionnel, et Steve Willis pour la correction colorimétrique.

Les éditeurs adressent leurs remerciements aux personnes et/ou organismes cités ci-dessous pour leur aimable autorisation à reproduire les photographies suivantes :

(Légende : a = au-dessus ; b = bas/en dessous ; c = centre ; x = extrême ; g = gauche ; d = droite ; h = haut)

2-3 SuperStock : Belinda Images. **4 Dorling Kindersley :** Judith Miller/Ken Grant (bd) ; University Museum of Archaeology and Anthropology, Cambridge (bg). **6-7 Corbis :** Tetra Images. **8 Alamy Images :** blickwinkel/Hecker (cda). **Corbis :** Jeff Vanuga (bg). **Dorling Kindersley :** Natural History Museum, Londres (hd). **9 Alamy Images :** Peter Llewellyn (hd). **Corbis :** Ocean (bg) ; Konrad Wothe/Minden Pictures (cg). **Getty Images :** Jonathan and Angela (bd). **SuperStock :** Minden Pictures (cd). **10 Dorling Kindersley :** University Museum of Archaeology and Anthropology, Cambridge (hd). **FLPA :** Yva Momatiuk & John Eastcott/Minden Pictures (cd). **10-11 Science Photo Library :** Pascal Goetgheluck (b). **11 Corbis :** Alberto Aja/EPA (cd). **Science Photo Library :** Tom McHugh (hg). **12 FLPA :** Terry Whittaker (cg). **SuperStock :** NaturePL (bg). **12-13 Corbis :** Ocean (c). **13 Corbis :** Arctic-Images (hd) ; Peter Johnson (cdb). **15 Corbis :** Frans Lanting (hd). **Klaus Rudloff :** (bd). **16-17 Alamy Images :** Jürgen Schulzki (b). **16 SuperStock :** Photononstop (hd). **17 akg-images :** Erich Lessing (hg). **Getty Images :** G. Nimatallah/De Agostini (hd). **SuperStock :** De Agostini (cdb). **18 Alamy Images :** Wildlife GmbH (bg). **21 Alamy Images :** gezmen (b). **Corbis :** (hg). **Getty Images :** Alexander Nemenov/AFP (hd). **22 Corbis :** Frank Lukasseck (bg). **24 Corbis :** The Gallery Collection (bg). **24-25 The Art Archive :** De Agostini Picture Library/M. Seemuller (c). **25 Corbis :** Dean Conger (hd) ; Said Hijran Frogh/Demotix (cdb). **27 Bob Langrish :** (hd). **28-29 Corbis :** Arctic-Images. **30 Alamy Images :** Shaun McCaughan (cgb). **Getty Images :** Art Wolfe/The Image Bank (hd). **Soundview Shetlands :** (bd). **31 Alamy Images :** Juniors Bildarchiv/F368 (hc) ; Wildlife GmbH (image principale). **Corbis :** Kit Houghton (hg). **Fotolia :** Zoe (hd). **32 Alamy Images :** David Bagnall (bg). **33 Dorling Kindersley :** avec l'aimable autorisation de Allensdale Vampire and Owner, Miss H. Houlden (hd) ; avec l'aimable autorisation de Mrs Rae Turner, Bowerwood Stud, Hampshire (bd). **34 Corbis :** Yann Arthus-Bertrand (bg). **Getty Images :** Leemage/Universal Images Group (cg). **35 akg-images :** R. u. S. Michaud (b). **Corbis :** Werner Forman Archive (image principale). **© Dark Horse Records est une marque déposée de Umlaut Corporation :** (hg). **36 Corbis :** Morteza Nikoubazl/Reuters (bg). **37 fotoLibra :** Andrew Lawrence (hd). **38 Corbis :** Craig Lovell (ca). **Dreamstime.com :** Jinfeng Zhang (cgb). **Getty Images :** Tim Graham (cdb). **39 Alamy Images :** Blickwinkel/Lenz (image principale). **SuperStock :** NaturePL (bg). **40 Corbis :** Destinations (bg). **42 Alamy Images :** Carol Dixon (bg) ; Wayne Hutchinson (hd). **42-43 Alamy Images :** Wayne Hutchinson (c). **43 Alamy Images :** Les Gibbon (cdb) ; Wayne Hutchinson (hc). **Danni Showers (via Flickr) :** (hd). **44-45 Dreamstime.com :** Isselee (c). **44 Corbis :** Gérard Labriet/Photononstop (hg). **46 Alamy Images :** Juniors Bildarchiv/F381 (cdb). **Corbis :** (cgb). **Dreamstime.com :** Susinder (hd). **Getty Images :** Tim Graham (bd). **47 Corbis :** Lothar Lenz. **49 Alamy Images :** Joachim Hiltmann/imagebroker (hd). **50 Getty Images :** Paul Trummer/The Image Bank (bg). **52 Alamy Images :** Geraint Lewis (bg). **Wikipedia :** (hg). **52-53 Alamy Images :** Mary Evans Picture Library (image principale). **53 Alamy Images :** AF archive (cda) ; Moviestore collection Ltd (hg). **55 Alamy Images :** Manfred Grebler (hd). **56-57 Getty Images :** Cynthia Baldauf. **58 Alamy Images :** RIA Novosti (cgb). **Getty Images :** Philippe Henry/First Light (cg). **58-59 Alamy Images :** South West Images Scotland (c). **59 Corbis :** Patrick Pleul/DPA (hd). **Dorling Kindersley :** Judith Miller/Ken Grant (bg). **Getty Images :** Fox Photos/Hulton Archive (cdb). **60 Alamy Images :** M. Delpho/Arco Images (bg). **61 Dorling Kindersley :** avec l'aimable autorisation de Kentucky Horse Park, USA (hd). **62 Alamy Images :** Johan De Meester/Arterra Picture Library (cga). **Corbis :** Bertrand Gardel/Hemis (cda). **62-63 Getty Images :** Lake County Museum/Curt Teich Postcard Archives. **63 Science Photo Library :** Sheila Terry (cda). **SuperStock :** Science and Society (hg). **64 Alamy Images :** Derek Middleton/FLPA (bg). **66 Corbis :** Blue Jean Images (hd). **66-67 Corbis :** Philip Spruyt/Stapleton Collection (scène égyptienne). **67 Alamy Images :** Pictorial Press Ltd (cga). **Getty Images :** G. Dagli Orti/De Agostini (hd). **68 Corbis :** Carson Ganci/Design Pics (hg) ; Dale C. Spartas (cgb). **Getty Images :** Joel Sartore/National Geographic (cga). **68-69 Corbis :** Frank Lukasseck (image principale). **69 Alamy Images :** Christopher Pillitz (cdb). **Corbis :** (hd). **72 The Long Rider's Guild (www.thelongridersguild.com/www.aimetschiffely.org)** (cgb). **73 Alamy Images :** Richard Slater. **Corbis :** Kit Houghton (hd). **74-75 Corbis :** Eddie Keogh/X01801/Reuters. **76 Kit Houghton/Houghton's Horses :** (bd). **77 Alamy Images :** Blickwinkel/Lenz (cdb). **Bob Langrish :** (bg). **78 Corbis :** José Fuste Raga (bg). **79 Alamy Images :** Juniors Bildarchiv/F315 (bd). **80 Corbis :** Lothar Lenz (hc/étoile en tête). **Getty Images :** Nancy Nehring/Photodisc (hd). **81 Alamy Images :** Manfred Grebler (hc) ; Pat Kerrigan (hd) ; Kim Kaminski (cb). **Corbis :** Bernard Bisson/Sygma (bc) ; Ken Gillespie/All Canada Photos (hg). **82 Alamy Images :** Jürgen Schulzki (bg). **84 The Bridgeman Art Library :** Museo Nacional de Historia de Chapultepec, Mexico/photo : Michel Zabe/AZA INBA (hg). **Getty Images :** Science & Society Picture Library (bc). **85 Corbis :** PoodlesRock (b). **Bob Langrish :** (hd). **86 Corbis :** DLILLC (cgb). **Getty Images :** Michel Cavalier/Hemis.fr (cdb). **87 Alamy Images :** Nigel Pavitt/John Warburton-Lee Photography (hg). **Corbis :** Arctic-Images (cdb). **Getty Images :** Jeff Foott/Discovery Channel Images (cgb). **88 Corbis :** Kit Houghton (hg). **90-91 Getty Images :** Chris Ison/AFP (main image). **90 Alamy Images :** Rex Moreton/Bubbles Photolibrary (bd). **91 Alamy Images :** Gianni Dagli Orti/The Art Archive (cdb). **Getty Images :** Science & Society Picture Library (bg). **93 Dorling Kindersley :** avec l'aimable autorisation de Darwin Olsen, Kentucky Horse Park, USA (hd). **Kit Houghton/Houghton's Horses :** (hg). **94 Corbis :** Bettmann (hd/stamps). **95 TopFoto.co.uk :** The Granger Collection (bc). **Wikipedia :** (bg). **96 Alamy Images :** Interfoto (cdb). **Corbis :** (g). **97 akg-images :** Interfoto (fcdb). **Corbis :** Fine Art Photographic Library (h) ; Steven Vidler/Eurasia Press (bg). **Dorling Kindersley :** The Board of Trustees of the Royal Armouries (cdb/sword). **99 Corbis :** Kit Houghton (cgb). **100 Corbis :** Dominic Ebenbichler/Reuters (hd) ; Herwig Prammer/Reuters (cda) ; Eddie Keogh/Reuters (cdb). **Getty Images :** G. Nimatallah/De Agostini (cg). **Lebrecht Music and Arts :** leemage (bc). **101 Corbis :** Pascal Deloche/Sygma (image principale). **IPC+ Syndication :** Horse and Hound (bc). **102 Alamy Images :** Blickwinkel/Lenz (bg). **104-105 SuperStock :** Juniors. **106 The Bridgeman Art Library :** Yale Center for British Art, Paul Mellon Collection, USA (bd). **Getty Images :** Ronald Martinez (cgb). **106-107 Corbis :** Leo Mason (image principale). **107 Alamy Images :** Apex News and Pictures Agency (bc). **Press Association Images :** Graham Stuart/PA Archive (bg). **109 Alamy Images :** M&N (cdb). **Corbis :** Bettmann (hd). **110 Corbis :** William Manning (cgb). **112 Getty Images :** Silver Screen Collection (bg). **112-113 Corbis :** Andrew Cooper/Columbia/Spyglass/Bureau L.A. Collection (c). **113 Alamy Images :** AF archive (bg). **Corbis :** Bureau L.A. Collection/Sygma (cda). **114-115 Corbis :** Leo Mason (image principale). **115 Alamy Images :** Michelle Gilders Canada West (bc) ; Paul Mogford (c). **Corbis :** Tony Kurdzuk/Star Ledger (h). **116-117 Dorling Kindersley :** avec l'aimable autorisation de Farrington Stables and Estate of Paul Siebert, Kentucky Horse Park, USA (main image). **117 Corbis :** Tim Clayton (hd). **118-119 Corbis :** Redlink (image principale). **119 Getty Images :** Christof Koepsel/Bongarts (cgb) ; Jochen Luebke/AFP (cdb). **IPC+ Syndication :** Horse and Hound (hg/gants). **SBM Photographic :** (cda). **121 Corbis :** Larry W. Smith/EPA (bg). **122 Corbis :** Leo Mason (bc). **Getty Images :** Mauricio Lima/AFP (cg). **122-123 Getty Images :** Al Bello (c). **123 Corbis :** Michael St Maur Sheil (bd). **125 Corbis :** Sampics (cgb). **126 Alamy Images :** Equine Photos (hd). **Bob Langrish :** (xcgb). **127 Bob Langrish :** (d). **PC Images :** (bg). **129 Getty Images :** Robert Laberge (cgb). **130 Hughes Photography - Melinda Hughes. 131 ©2011 FFG Photography By Darin Pointer :** (cdb). **HorseSaddleShop.com :** (cda). **Bob Langrish :** (cgb). **133 Corbis :** Reza/Webistan (cgb). **134-135 Kit Houghton/Houghton's Horses :** (b). **134 Mike Nichols :** (hd). **135 Kit Houghton/Houghton's Horses :** (hg, hc, xhd, xcda). **136 Alamy Images :** Farlap (cg). **Farrukh Pitafi :** (bc). **137 Alamy Images :** Nico Smit (cgb). **Corbis :** Tim Clayton (image principale) ; Matt Cohen/ZUMA Press (cdb). **139 Corbis :** (cgb). **140 Getty Images :** Leemage/Universal Images Group (cgb). **140-141 The Bridgeman Art Library :** Private Collection/The Stapleton Collection (b/image principale). **141 Corbis :** Brian Cahn (hg). **142 Alamy Images :** Mark Richardson (cd). **Tom James :** (c). **Bob Langrish :** (cgb, bd). **Press Association Images :** Steve Parsons/PA Archive (hd). **143 Getty Images :** Jean-François Monier/AFP (b) ; Matthew Lewis (image principale). **144-145 SuperStock :** Juniors. **146 Alamy Images :** Peter Titmuss (cdb) ; Kathy Wright (cgb). **Bob Langrish :** (hd). **147 Alamy Images :** The Photolibrary Wales (h). **148 Kit Houghton/Houghton's Horses :** (cgb, bg). **149 Getty Images :** Martin Child/Photographer's Choice RF (cdb). **150 Alamy Images :** Jeff Morgan 13 (cgb). **152 Alamy Images :** Joe Blossom (cgb). **Corbis :** David Harrigan/ableimages (bg). **152-153 Alamy Images :** Garry Bowden (c). **153 Alamy Images :** Tim Duckworth (bc) ; Mike Rex (hg). **Dreamstime.com :** Oleksii Sergieiev (cda) ; Svlumagraphica (hd). **154 Corbis :** Paul A. Souders. **155 Alamy Images :** Angela Hampton Picture Library (hd) ; Mikhail Kondrashov « fotomik » (bg). **Dorling Kindersley :** Natural History Museum, Londres (bd). **Bob Langrish :** (cga, cgb).

Toute autre illustration © Dorling Kindersley

Couverture : 1[er] plat : **Corbis**/Arctic-Images **hg, Getty Images**/Craig Cozart hcg, **Corbis**/Leon Harris/cultura **hcd, Dorling Kindersley**/Bob Langrish hd et **Corbis**/Ocean **bc ;** Dos : **Corbis**/Arctic-Images h, **Getty Images**/Craig Cozart m, **Corbis**/Leon Harris/cultura b ; 4[e] plat : **Getty Images**/MCT g, **Corbis**/Ocean **c, Dorling Kindersley**/Bob Langrish d.